Wilfried Gruhn

Hören als Handeln

Studien und Materialien
zur Musikwissenschaft
Band 124

Wilfried Gruhn
Hören als Handeln

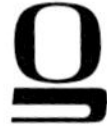

Georg Olms Verlag
Hildesheim · Zürich · New York
2022

Wilfried Gruhn

Hören als Handeln

Eine neurophysiologische Theorie
der musikalischen Wahrnehmung

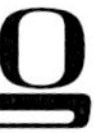

Georg Olms Verlag
Hildesheim · Zürich · New York
2022

Umschlagsmotiv: Sound wave vector background
(https://www.pixtastock.com)

Die Deutsche Nationalbibliothek verzeichnet diese Publikation
in der Deutschen Nationalbibliografie; detaillierte bibliografische Daten sind im Internet über http://dnb.d-nb.de abrufbar.

Gedruckt auf säurefreiem und alterungsbeständigem Papier
Umschlaggestaltung: Inga Günther, Hildesheim
Herstellung: KM|DRUCK2.0, Groß-Umstadt

Printed in Germany

www.olms.de
ISBN 978-3-487-16255-3

Inhaltsverzeichnis

Vorwort
Hören als Handeln

Hören und Handeln mögen auf den ersten Blick eine ungewöhnliche Konjunktion eingehen. Handeln bezeichnet eine praktische Tätigkeit mit einem ausweisbaren Handlungsziel, während der Hörer in einem Konzert kontemplativ versunken den Klängen lauscht und sich von den durch sie ausgelösten Empfindungen tragen lässt. Natürlich kann man einwenden, dass das Hören, sofern es auf Verstehen gerichtet ist, auch eine aktive geistige Tätigkeit des Aufnehmens und Deutens der Klänge einschließt und sich keineswegs mit einer bloß passiven Berieselung bescheidet. Darüber hinaus wird hier aber der Anspruch erhoben, Handeln als evolutionäres Prinzip einer neurophysiologischen Theorie der musikalischen Wahrnehmung zugrunde zu legen. Es geht also darum, die spezifische Form des Handelns in der Wahrnehmung zu begründen und in der neuronalen Struktur des Hörens zu verankern. Dabei müssen wir den Handlungsbegriff in diesem speziellen Zusammenhang neu ausrichten.

Handeln bedeutet ursprünglich, etwas in die Hand zu nehmen, um es zu bearbeiten. Diese Tätigkeit bezeichnet also eine bewusste körperliche Bewegung, mit der eine bestimmte Absicht umgesetzt wird, um schließlich eine konkrete Gestalt anzunehmen. Dem Begriff des Handelns liegt dabei sowohl ein konkret somatischer als auch ein psychischer Bewegungsbegriff zugrunde. Die hier vorgeschlagene Theorie der musikalischen Wahrnehmung greift beide Aspekte auf und geht von der phänomenalen Tatsache der elementaren körperlichen Bewegung als primärer Reaktion auf wahrgenommene Klänge aus. Wie akustische Reize mit motorischen Aktionen neurophysiologische verbunden sind, bildet den Ausgangspunkt der hier vorgestellten Theorie. Darüber hinaus kommen auch physiologische Aspekte einer Hörtypologie ins Spiel, die die zentrale Rolle der Struktur des Hör-Kortex für die Erlebnisweise von Klängen begründen können (Seither-Preisler & Wengenroth, 2009).

In diesem Zusammenhang müssen dann Prozesse der Perzeption klar von solchen der Kognition unterschieden werden, obwohl beide in der Wahrnehmung verbunden sind und den Prozess der Bedeutungskonstitution des Wahrgenommenen ermöglichen. Der Begriff der Wahrnehmung übersteigt den des bloßen Hörens im Sinne der Aufnahme von Schallreizen. Denn in den Begriff der Wahrnehmung spielen kognitive Elemente des Erkennens *von etwas als etwas* mit hinein (Gruhn, 1989). Was jemand „für wahr" nimmt, also als gegebene Tatsache anerkennt oder überhaupt erst als Wahrnehmungstatsache konstituiert, beruht auf einem Akt der Bedeutungszuschreibung, die auf Erfahrung und Lernen gründet und aktiv vom Bewusstsein erzeugt werden muss. Die Generierung von Bedeutung sensorischer Reize ist dem Hörvorgang somit implizit eingeschrieben, wenn dieser für mehr als einen bloßen Sinneskitzel gelten soll.

Geht es um Verstehen als Ziel des Hörens, kommen gestische Momente der akustischen Signale und ihrer Auffassung ins Spiel (Gruhn, 2014b). Die Gestik resultiert aus der Erregung innerer Vorstellungen, die gleichermaßen von den Klängen ausgelöst werden, wie sie diese hervorrufen oder begleiten. Insofern erlangt Bewegung als innere und äußere Gestik in der ontogenetisch frühesten Form kommunikativer Interaktion ihre funktionale Bedeutung für die Entwicklung der Wahrnehmungsmöglichkeiten im Sinne einer *communicative musicality* (Malloch & Trevarthen, 2009).

Das zentrale Anliegen einer neurophysiologischen Theorie der musikalischen Wahrnehmung ist auf die Klärung der Zusammenhänge gerichtet, wie diese Grundlagen neurophysiologisch verankert sind, die Hören als Handeln dann auch pädagogisch relevant machen. Denn das Hören ist zuerst an körperliche Bewegung gebunden. Musik ruft dabei eher und mehr Bewegungen hervor als kindgerichtetes Sprechen (Zentner & Eerola, 2010). Zahlreiche Studien haben diesen Zusammenhang von Hören und Bewegen nachgewiesen: Bereits Säuglinge lernen zwischen geradem und ungeradem Takt zu unterschieden, indem sie in dem entsprechenden Metrum bewegt werden (Phillips-Silver & Trainor, 2005); d.h. es ist der Körper, der den gehörten Rhythmus durch Bewegung erlebt und so eine Präferenz für das eine oder andere Metrum entwickelt. Ebenso singen Kinder intonationsreiner (Liao & Davidson, 2007, 2016) und lernen eine Fremdsprache leichter (Macedonia, Müller et al., 2011; Macedonia & von Kriegsheim, 2012; Wriessnegger, Hacker et al., 2019), wenn das kognitive Lernen durch körperliche Gesten unterstützt wird. Dass Hören an Bewegung gekoppelt ist, ist bis ins hohe Alter evident und scheint so eine Theorie der musikalischen Wahrnehmung durch bewegungsmäßiges Handeln zu stützen.

Die Konzeption dieser Theorie verdankt sich langjähriger Erfahrung mit frühkindlichem Musiklernen und der dabei gewonnenen Einsicht in die enge Wechselwirkung von Denken und Handeln, Erkennen und Tun. Sie entstand im Austausch mit Eltern, Lehrerinnen und Lehrern. Wertvolle Hinweise bei der Abfassung dieser Schrift verdanke ich Peter Schneider (Universitätsklinikum Heidelberg) und bin für Anregungen und Kritik insbesondere Jürgen Oberschmidt (Pädagogische Hochschule Heidelberg) und Joseph Thapa (Fundación Barenboim-Said, Sevilla) dankbar, die eine späte Fassung dieser Schrift gelesen haben. Danken möchte ich ebenso Doris Wendt vom Olms Verlag für die ermutigende Begleitung und sachkundige Betreuung der verlegerischen Herstellung des Buchs.

Freiburg, im Frühjahr 2022

1. Kapitel

Wahrnehmen und Erkennen
Erkenntnistheoretische Grundlagen

Hören und verstehen, wahrnehmen und erkennen bezeichnen eine geistige Tätigkeit der Auseinandersetzung mit den hörbaren Phänomenen der Welt, in der wir leben. Diese Tätigkeit hängt einerseits von der je verschiedenen Empfindlichkeit der Sensoren ab, mit denen wir die Umwelt wahrnehmen, und von den situativen, sozialen und kulturellen Bedingungen, die unser Bewusstsein prägen, sowie von den äußeren Umständen, unter denen man etwas hört. So verändert sich die Wahrnehmung je nachdem, ob man eine Messvertonung als Teil eines Gottesdienstes im Kirchenraum hört, live in einem Konzert oder als Aufnahme über einen Kopfhörer zu Hause oder in der Straßenbahn. Aber zugleich ändert sich damit auch der Wahrnehmungsgegenstand Musik in dem Maße, wie das Hören funktional einem je anderen Zweck dient, nämlich wo, wie und mit welcher Absicht gehört wird. Der situative Kontext, die individuelle Hördisposition und die Art der Musik gehen also im Hörprozess ein wechselseitiges Bedingungsgefüge ein. Personale, kulturelle, soziale, physiologische und psychologische Bedingungen wirken auf die Art des Hörens ein, so dass es problematisch ist, vom «Hören an sich» zu sprechen.

Doch betrachten wir zunächst die physiologischen Bedingungen der akustischen Wahrnehmung. Diese ist zunächst einmal begrenzt durch die physiologischen Bedingungen der Sinneskanäle. So kann das Auge überhaupt nur auf Frequenzen einer bestimmten Bandbreite zwischen Infrarot und Ultraviolett reagieren und diese Reize als Helligkeitswerte der Farbskala erkennen. Andere Wellen mit kurzen Periodendauern nimmt die Haut (der Tastsinn) dagegen als Wärme wahr (*micro-waves*), während Frequenzen im niedrigen Bereich von 20

– 20.000 Hz als Klänge unterschiedlicher Tonhöhe in Erscheinung treten. Man kann mit seinen Sinnen nur das wahrnehmen, worauf die jeweiligen Sinnesorgane physiologisch ausgelegt sind (Abb. 1.1).

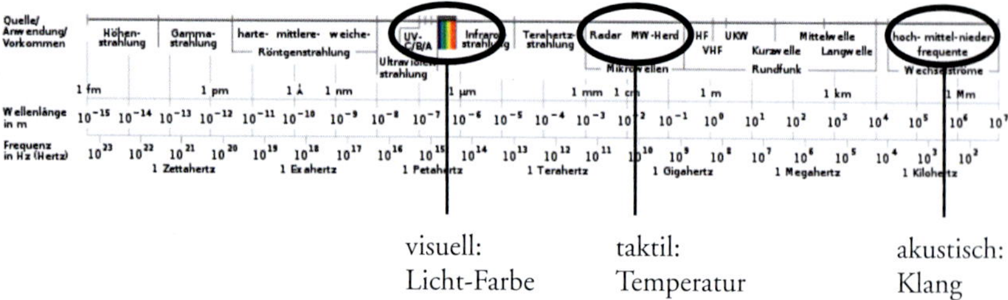

Abb. 1.1: Ausschnitte aus dem Frequenzspektrum und deren sensorische Wahrnehmung.

Wahrnehmung und Wirklichkeit

Auf dieser Grundlage wird die Aussage plausibel, dass die Welt, wie sie den einzelnen Lebewesen und Arten erscheint, von dem jeweils entwickelten Wahrnehmungssystem abhängt. So können Hunde ein anderes Frequenzspektrum wahrnehmen als Menschen und unterscheiden die Erfahrung ihrer Umwelt im Wesentlichen anhand von Gerüchen. Sie verfügen somit über Geruchskarten ihrer Umwelt. Frösche sehen die Welt aus der Froschperspektive nach Maßgabe der Physiologie ihrer Augen. Fledermäuse dagegen orientieren sich anhand von Echolot-Ortung, mit deren Hilfe sie Formen, Größe, Abstand und Bewegung der Gegenstände ihrer Umwelt wahrnehmen können. Aber nicht die Welt ist anders, sondern ihre Abbildung im neuronalen Netz. Wie sie „wirklich“ ist, können wir nicht erfahren, ohne die Konditionen unserer physiologischen und biologischen Möglichkeiten zu verlassen. Die Wahrnehmung der Welt hängt also einerseits von der Kapazität und Sensibilitätsschwelle unserer Sinne ab; andererseits kommen auch kognitive Aspekte der Reizverarbeitung im neuronalen Netz ins Spiel, in deren Knoten (Nervenverbindungen) Informationen in hochkomplexer Weise dynamisch gespeichert und nicht-linear verarbeitet werden.

Die Wahrnehmung der äußeren, d.h. der außerhalb des eigenen Ich liegenden Wirklichkeit beruht somit immer auf einer subjektiven Konstruktion;

Wahrnehmung ist dabei auf Bedeutungsgenerierung angewiesen. Die Erlebnisqualität von Tönen und Melodien, die wir als Eigenschaften der Klänge selber erleben, verweisen in Wahrheit auf mentale Zustände, die aber nicht unmittelbar mit den physischen Bedingungen der neuronalen Erregung in Verbindung stehen (Metzinger, 1996, 43 f.). Wir müssen daher von einer a priori gegebenen Differenz zwischen Erscheinung und Wirklichkeit, physikalischem Gegenstand und subjektivem Eindruck ausgehen, die ein zentrales Problem der Wahrnehmungspsychologie und Erkenntnistheorie darstellt. Zur Wahrnehmung bedarf es dabei immer einer kognitiven Aktivität, die die Erscheinung zur Wirklichkeit in Beziehung setzt.

Diese Aktivität lässt sich an einem Bild veranschaulichen, mit dem Bruce Goldstein das Kapitel über das Hören in seiner Wahrnehmungspsychologie (1997) einleitet.

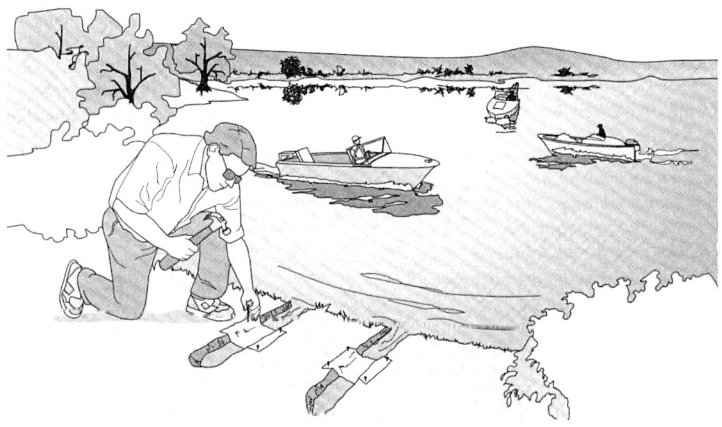

Abb. 1.2: Seebild als Analogie zum Hören. Die beiden Kanäle können mit den Gehörgängen verglichen werden, die die Wellen der Wasserbewegung auf die Tücher als Membran übertragen.

In Abb. 1.2 sieht man einen mit Booten befahrenen See in landschaftlicher Umgebung. Im Vordergrund befestigt ein Mann Tücher über zwei kleinen Kanälen. Die Frage dazu lautet: „Kann man feststellen, was sich auf einem See abspielt, indem man beobachtet, wie sich die Taschentücher bewegen, wenn

Wellen in die Kanäle gelangen?“ (Goldstein, 1997, 352). Was schier aussichtslos erscheinen mag, geschieht beim Hören ständig. Das Ohr empfängt zunächst nur Druckschwankungen der Luft (longitudinale Schallwellen), die auf das Flüssigkeitssystem im Innenohr übertragen und schließlich in elektro-chemische Potentiale umgewandelt werden, die dann an den primären Hör-Cortex (Heschl's gyrus) weitergeleitet und dort neuronal verarbeitet werden. Um also einen Ton als „Ton“ zu hören, muss Vieles aus der bisherigen Hörerfahrung dem rudimentären Schalleindruck der Luftdruckschwankung hinzugefügt werden, damit ein Schallereignis (eine bestimmte Frequenz) als Ton gehört werden kann (Abb. 1.3).

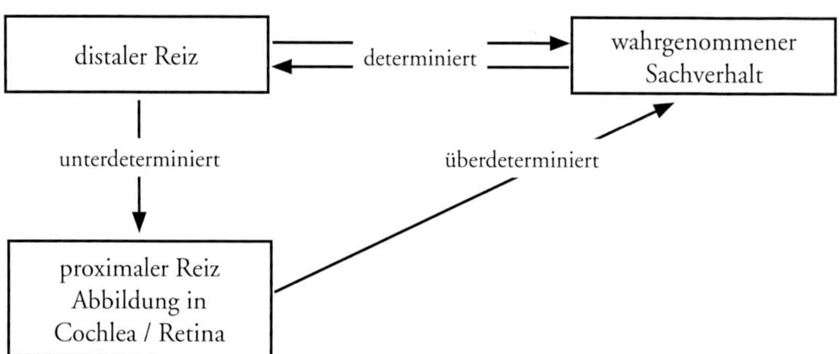

Abb. 1.3: Kognitiver Prozess der Transformation eines empfangenen Außenreizes (distaler Reiz) und seiner neuronalen Abbildung (Repräsentation als proximaler Reiz) in einen wahrgenommenen Sachverhalt.

Dies kann man sich deutlich anhand der folgenden Abbildung (1.4) vor Augen führen, die zunächst nur eine unregelmäßige Verteilung schwarzer Flecke zeigt. Blinzelt man mit den Augen, arrangieren sich die Flecken zum Abbild eines Dalmatiners, aber nur, wenn man schon einmal einen Dalmatiner gesehen hat und über eine innere Vorstellung (eine mentale Repräsentation) dieser Hunderasse verfügt, die dann aufgrund des kognitiven Arrangements der Bildpunkte aktiviert werden kann; erst dann kann man in dem grobkörnigen Bild einen Hund erkennen.

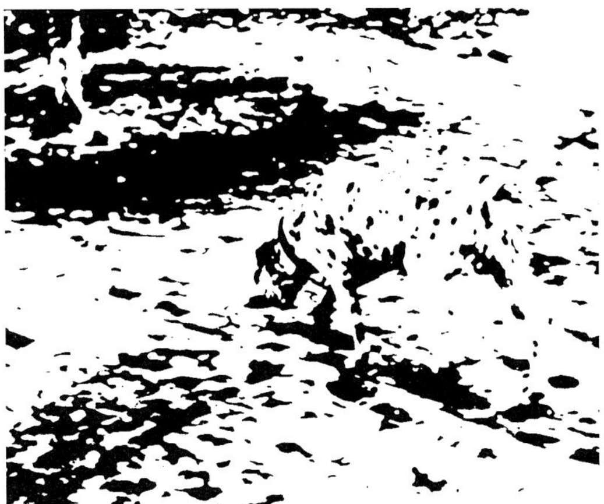

Abb. 1.4: Grob gerastertes Bild eines Dalmatiners.

Die Wahrnehmung des Hundes, der auf dem Boden schnuppert, kommt somit erst durch die Leistung des wahrnehmenden Bewusstseins zustande. Der Gegenstand selber ist nicht auf dem Papier abgebildet. Die schwarzen Kleckse müssen vielmehr aufgrund der vorhandenen Erfahrung zur Gestalt des Hundebilds überdeterminiert werden (vgl. Abb. 1.3). Daher ist das Bild der Welt, das wir uns von ihr machen, einerseits durch den jeweiligen sensorischen Apparat und seine Reizschwellen determiniert und wird andererseits durch die bereits gespeicherten Vorerfahrungen und Bewusstseinsinhalte beeinflusst.

Wahrnehmung und Empfindung

Geht man von der Wortbedeutung „Wahrnehmung" aus, so verweist dieser Begriff auf die Tatsache, dass man einer Sache „gewahr wird", also auf eine kognitive Tätigkeit, die sich einem Zustand wacher Aufmerksamkeit verdankt und zu einer bewussten, Verhalten steuernden Erkenntnis führt. Wahrnehmung – so könnte man es beschreiben – setzt aufmerksame Fokussierung voraus und stellt eine geistige Tätigkeit dar, die durch sinnliche Reize hervorgerufen und durch neurophysiologische Mechanismen an das Gehirn (den Verstand? die

Vernunft?) vermittelt wird. Den reinen Sinnesdaten werden dann in einem geistigen Akt des Erkennens Sinn und Bedeutung zugeschrieben. Wahrnehmung fasst daher physikalische, physiologische und kognitionspsychologische Aspekte zusammen, die gesondert betrachtet und analysiert werden können.

Sensorische Reaktionen werden oft auch als Empfindungen bezeichnet. Diese werden von einem sinnlichen Reiz hervorgerufen, der unmittelbar subjektive Eindrücke auslöst. Eine Vokalise oder ein artikulierter Instrumentalton, z.B. mit harter Attacke einsetzend und langsam verklingend, bedeuten zunächst noch nichts, müssen auch gar nicht als etwas (z. B. als ein „fis" der Oboe) erkannt werden, können aber durchaus starke Empfindungen (wie z. B. strahlende Klarheit, Enge, aggressive Nähe etc.) hervorrufen. Diese subjektive Qualität des Erlebens erscheint dann dem Hörer als real gegebene Eigenschaft der Klänge. Dabei handelt es sich aber um mentale Zustände, die als phänomenale Gegebenheit „die subjektive Qualität des Erlebens" ausmachen (Metzinger, 1996, 323). Bei dieser in der Philosophie als *Qualia* bezeichneten Eigenschaft handelt es sich um die subjektive Dimension spontaner Reaktionen auf die Erregung durch einen äußeren Reiz und ist von bewusster Wahrnehmung deutlich zu unterscheiden. Es besteht folglich das Dilemma, dass das subjektive Erlebnis die primäre Erfahrung darstellt, die sich vor die Wahrnehmbarkeit der Musik als gegebenes Objekt stellt. In der *Philosophy of Mind* wird jedoch die Bedeutung der *Qualia* für das phänomenale Bewusstsein kontrovers diskutiert (Chalmers, 1996; Dennett, 2009; Koch, 2019; Nagel, 2009). Es geht dabei um die Frage, inwieweit allein das eigene Bewusstsein die je individuelle Erlebnisqualität des Wahrgenommenen erzeugt und strikt von dem Reiz, dem sie sich verdankt, zu unterscheiden ist. Es geht also darum, ob *Qualia* eine eigene, vom Reiz ablösbare Eigenschaft des Bewusstseins darstellen. Dieser Streit betrifft das Wahrnehmen und Verstehen insofern, als es darum geht, was den Erfahrungsgegenstand der Wahrnehmung eigentlich ausmacht und ob dieser Gegenstand überhaupt objektiv zugänglich ist; der Streit bleibt für unseren Zusammenhang aber insofern unerheblich, als *Qualia* nur die interne Erlebnisweise ohne Verweischarakter auf irgendeine Bedeutung darstellen, während die Wahrnehmung, um die es hier gehen soll, immer einen kognitiven Prozess auslöst, durch den *etwas als etwas* erkannt wird oder werden kann.

Hören bezeichnet allgemein den Vorgang der Aufnahme von Schallereignissen und schließt beide Modi – Wahrnehmung und Empfindung – ein und könnte als sensorischer Modus der akustischen Reizaufnahme und deren kognitiver Verarbeitung beschrieben werden. Dabei bestehen viele verschiedene Möglichkeiten des Hörens nebeneinander: das bewusste, konzentrierte Zuhören im Konzert, das beiläufige Hören als Begleitung zu einer anderen Tätigkeit, das pauschale Hören zur Entspannung, das unbewusste, nicht fokussierte Hören der Begleitmusik im Film, das erzwungene Anhören der Beschallung in öffentlichen Räumen. Alle diese Formen kennzeichnet ein unterschiedlicher Grad an Aufmerksamkeit und Interesse, der dem Hörobjekt entgegengebracht wird.

Zu einem entscheidenden Aspekt der bewussten Zuwendung wird dann die Frage, wie die musikalischen Phänomene überhaupt ins hörende Bewusstsein gelangen. Im Sensualismus ging man davon aus, dass alle Bewusstseinsinhalte zuerst sinnlich vermittelt sein müssen. John Locke griff daher Thomas von Aquins Aussage auf: „Quod est in intellectu nostro prius in sensu fuerit" (Aquin, 1970) und formulierte das zentrale Postulat des Sensualismus: „Nihil est in intellectu, quod non fuerit in sensu" (Locke, 1823, Reprint 1963) und führte damit alle Erkenntnis auf die Wahrnehmung von sinnlich vermittelten Inhalten zurück. Dabei bleibt jedoch die Frage, ob die Wahrnehmung eines Objekts zu einer entsprechenden Abbildung im Geist (*intellectus*) führt, oder ob nicht auch umgekehrt gilt, was Hegel anmerkte, dass der sensualistische Satz auch umkehrbar sei (vgl. Hegel, 1830, ND 2015 § 8), dass man also nur wahrnehmen kann, was man weiß, was also bereits im Bewusstsein vorhanden sein muss, um erkannt werden zu können. Wer nichts von einem Tritonus weiß und den Klang nicht kennt, wird ihn auch nicht als Figur in einer Melodie erkennen. Das führt dann aber zu neuen Problemen, wie denn überhaupt etwas als etwas wahrgenommen werden kann, wenn man nur auf die im eigenen Bewusstsein vorhandenen neuronalen Sinnesdaten zurückgreifen kann.

Das führt uns zu der philosophischen Frage, wie wir überhaupt etwas außerhalb unserer Identität wahrnehmen können, wie das Fremde, Andere, das Nicht-Ich in das Ich eingeholt werden kann, oder in der Sprache des deutschen Idealismus (Fichte, Schelling, Hegel): wie Differenz in der Identität möglich werden kann. Für Hegel, der im dialektischen Denken gerade die Differenz, das Gegensätzliche als Motor des Erkenntnisprozesses sah, wurde die Reflexion zum Instrument des Philosophierens (Hegel, 1801). Für das Musikhören (das Wahrnehmen und Verstehen) bildet die Perzeption das Instrument des Erkennens. Reflexion und Perzeption verhalten sich aber zueinander wie die innere zur äußeren Wahrnehmung. Wie aber das Fremde, noch nicht Repräsentierte zur Identität kommt, stellt erkenntnistheoretisch eine Aporie dar, die neurobiologisch schwerlich aufzulösen ist. Denn wir können immer nur das wahrnehmen, d.h. neuronal aktivieren, was bereits im Ansatz neuronal repräsentiert ist, so dass wir mit neuronaler Aktivität antworten können. Wenn Musik nicht nur als akustischer Reiz verstanden wird, sondern als klanglich gestaltetes Artefakt, dann erleben und erkennen wir in diesem Artefakt also immer nur uns selbst (Gruhn, 2015). Das Andere, Fremde, (noch) nicht Verfügbare erzeugt dann einen Zusammenstoß mit dem Unbekannten, Unerwarteten, der uns gerade die Differenz bewusst macht und damit einen Prozess in Gang setzt, das fremde Andere (das Nicht-Ich) in die eigene Identität Schritt für Schritt und zunächst nur partiell einzuholen und mit der Identität zu verschmelzen. Ob und inwieweit dies jeweils gelingen kann, entscheidet sich in der Anstrengung der Aneignung, die eine Resonanz des Fremden im Eigenen voraussetzt, die es schließlich vielleicht doch möglich macht, nicht immer nur sich selbst zu hören, sondern die Wahrnehmung zu erweitern und zu verändern, indem wir allmählich Differenz in die Identität integrieren.

Auch wenn heute nicht mehr von einem rein sensualistischen Verständnis des Denkens auszugehen ist, so kann man doch sagen, dass die Wahrnehmung von Ereignissen und Tatsachen der Musik deren sinnliche Erfahrung als Vorbedingung des Erkennens einschließen muss. Darin wird deutlich, wie sich das Interesse im Laufe der Zeit vom Wahrnehmungsobjekt immer mehr auf das Geschehen im Subjekt verlagert hat.

Emotionales Verstehen

Ein großer Teil der Musik spricht unsere Gefühle unmittelbar an, so dass man Musik auch als „Sprache der Gefühle" angesehen hat (Cooke, 1959). Es scheint also ein unmittelbares Verstehen zu geben, das jenseits von Kognition (Wahrnehmung *von etwas als etwas*) auf emotionaler Wirkung beruht, die uns im Alltag überall begegnet (Juslin, 2019; Sloboda, 2010). Dabei handelt es sich um die Empfindung psychischer Gemütsbewegungen, die unmittelbar durch Musik ausgelöst werden und sich spontan einstellen. Solche Wirkungen bilden eine eigene Kategorie der Wahrnehmung, die sich hinsichtlich ihrer Erregungsstärke (*arousal: activation – deactivation*) und dem Grad des Gefallens (*valence: pleasant – unpleasant*) unterscheiden und entsprechend klassifiziert werden können. Man kann sich diese Dimensionen in kreisförmig angeordneten Quadranten um zwei senkrecht aufeinander stehende Achsen vorstellen (Abb. 1.5), die eine Matrix für die Wirkung von Musik hinsichtlich Arousal und Valenz darstellen.

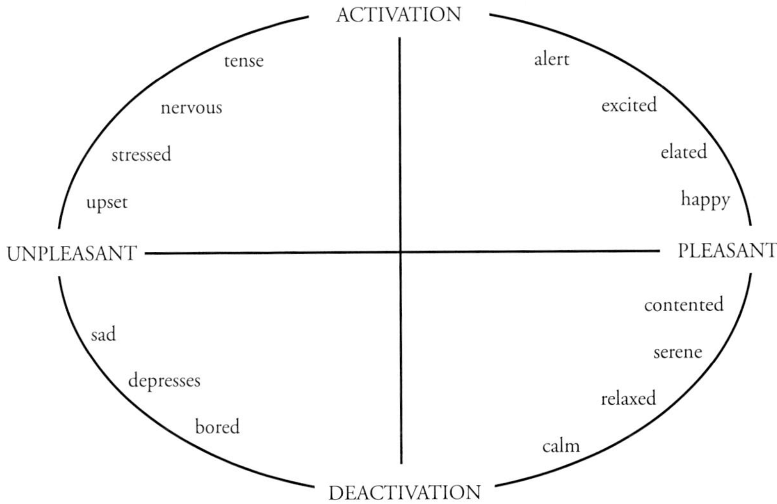

Abb 1.5: Circumplex-Modell der Emotionen (nach Russell, 1980).

Ein solches Modell legt die Vermutung nahe, das man Gefühle, die duch Musik vermittelt werden, wie Vokabeln einer Sprache verstehen könne. Doch eine inhaltlich differenzierte Zuordnung von Gefühlen zu musikalischen Klängen ist nicht allgemeingültig möglich, weil die subjektive Erlebnisweise divergiert und von vielen weiteren sozialen, kulturellen und situativen Faktoren abhängt. Dasselbe Musikstück kann in unterschiedlichen Situationen und Kontexten von demselben Hörer emotional völlig anders erlebt werden. Zudem bezeichnen die spontan von Musik ausgelösten Gefühle eher eine pauschale als eine distinkte Empfindung. Emotionales Erleben resultiert aus dem jeweiligen Erlebniszusammenhang und bildet eine subjektiv bestimmte psychische Kategorie. Es kann nicht erlernt oder eingeübt werden, sondern ergibt sich aus den jeweiligen situativen Bedingungen.

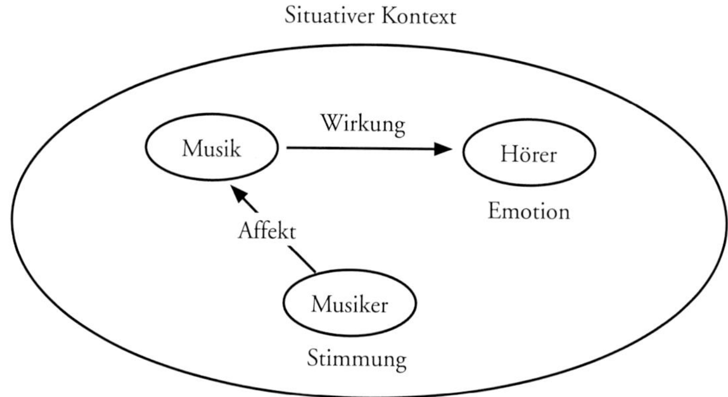

Abb. 1.6: Wirkungsmodell zwischen affektivem Ausdruck und emotionaler Wirkung.

Andererseits kann Musik aber auch – wenigstens bis zu einem bestimmten Grad – Gefühle abbilden oder darstellen (mimetischer Charakter der Musik). Hier sollten wir dann eher von Affekten sprechen, die einen allgemeinen Erregungszustand beschreiben, bei dem psychische Zustände auf physische Ursachen zurückgeführt werden können. Damit sind Affekte durch eine überindividuelle strukturelle Merkmalskombination gekennzeichnet, die sich der Idee nach strukturell in der Musik nachzeichnen lassen, wie es in der Affektenlehre des Barock üblich war. Indem dort Lizenzen des Tonsatzes überschritten wurden, öffneten diese Verstöße Freiräume für besondere Ausdrucksgehalte, die der Hörer aber kennen musste, um sie in der Musik erkennen und verstehen zu können. Hier liegt dann durchaus ein Prozess der Kognition vor, während emotionales Erleben auf die subjektive Wirkung bezogen bleibt.

Die „Sprache" der mit der Musik vermittelten Emotionen zu verstehen, bedeutet aber kein sprachähnliches Verstehen, selbst wenn man Affekte wie Freude oder Furcht als Inhalte der Musik gelten ließe. Vielmehr geht es hier darum, beim Hören innerlich angesprochen zu werden und psychisch zu reagieren. Dabei gilt es dann zu unterscheiden, ob der Ausdruck als Darstellung der Musik erkannt wird oder der Eindruck erst im Hörer aufgrund seiner inneren Befindlichkeit und Erwartung erregt wird und psychophysiologische Wirkungen zeigt, also das Hören von erregter Musik zur Beschleunigung des Pulses und der Atemfrequenz führt. Der Unterschied besteht darin, ob es sich also um einen Wahrnehmungsprozess handelt, der auf die internen musikalischen Bedingungen gerichtet ist, oder um einen subjektiv erfahrenen Wirkungszusammenhang, der der sich spontan einstellt. Diese Wirkung steht allerdings mit den musikalischen Gegebenheiten in Zusammenhang, bzw. ist auf ihn rückführbar. Insofern steht auch das emotionale Verstehen in einem Zusammenhang mit Wahrnehmen und Erkennen.

Die Vorstellung, dass die sinnliche Wahrnehmung immer auch einen kognitiven Aspekt einschließt, liegt auch Georg Pichts Aussage zugrunde, wonach „die Sinne denken" und die Affekte die Wahrnehmung tragen (Eisenbart, 1985, 82). Denn Affekte wie Angst oder Freude antizipieren ja immer ein Unerwartetes: die Freude auf etwas, das erst eintreten wird und das man daher freudig erwartet, die Furcht vor etwas, das man noch nicht genau kennt etc., insofern „denken" die Sinne, indem sie nicht nur passiv auf äußere Reize reagieren, sondern etwas in der Vorstellung antizipieren, worauf die Reize verweisen. In diesem Sinne kann auch emotionales Verstehen in den Prozess der Wahrnehmung mit einbezogen werden. Aber in dem Maße, wie Musik gleichsam als Sprache der Gefühle, Emotionen und Affekte gelten möchte, liegt ihr ein kognitives Merkmal zugrunde, das das bloß vegetative Reagieren und gefühlshafte Angesprochensein überlagert.

Wahrnehmung und Wahrnehmungstäuschung

Die Tatsache der eigenen Bewusstseinsaktivität für die Konstitution eines wahrgenommenen Inhalts wird besonders deutlich im Phänomen der optischen wie akustischen Wahrnehmungstäuschung. Abb. 1.7 zeigt die sog. *café wall illusion*, die zurückgeht auf eine Kachelwand an einem Café in St Michael's Hill, Bristol, England, in der schwarze und weiße quadratische Kacheln in Reihen um je eine halbe Kachel versetzt angeordnet sind. Beim Betrachter werden dabei auf der Retina exakt parallele waagerechte Linien abgebildet, die aber nicht als solche wahrgenommen werden. Die Verschiebung der schwarz-weißen Quadrate bewirkt im Wahrnehmungsbewusstsein eine dynamische Biegung der Linien, die dann als „schiefe“ Linien aufgefasst werden. Hier entspricht die Wahrnehmung also nicht der Abbildung der Linienstruktur im Sinnesapparat, vielmehr werden aufgrund der unterschiedlichen neuronalen Verarbeitung heller (weißer) und dunkler (schwarzer) Signale im visuellen Cortex erst im Gehirn durch den Akt der Wahrnehmung die schiefen Linien als phänomenale Tatsache erzeugt. Diese beruht zwar auf neuronalen Prozessen, die aber bewusstseinsmäßig eine andere Wahrnehmung hervorrufen, d.h. das Bewusstsein erzeugt erst die Bilder, die wir (und wie wir sie) sehen.

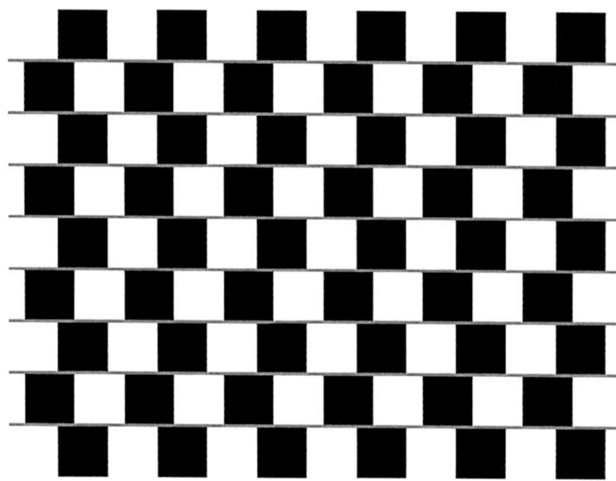

Abb. 1.7: Optische Täuschung (*café wall illusion*). Tatsächlich verlaufen die waagerechten Linien vollkommen parallel zueinander, was in der optischen Wahrnehmung nicht nachvollziehbar erscheint.

Illusionen gibt es auch im akustischen Bereich (Deutsch, 1995). Bekannt ist das Phänomen des *Shepard tone* (Shepard, 1964). Dabei wird die Wirkung einer kontinuierlichen auf- oder absteigenden Skala durch akustische Manipulation (Veränderung der Lautstärke im Obertonspektrum) erzeugt, die tatsächlich aber im gleichen Oktavbereich verharrt. Dies hat bereits J. S. Bach in seinem dritten *Brandenburgischen Konzert* (Abb. 1.8) kompositorisch eingesetzt. Dort bewirken im ersten Satz die Oktav-Versetzungen der Abschnitte der abwärts geführten Basslinie (Kb und Vc T. 87 ff.) die Illusion eines endlosen Abstiegs – ähnlich wie bei der Endlos-Treppe von Maurits Cornelis Escher (Abb. 1.9).

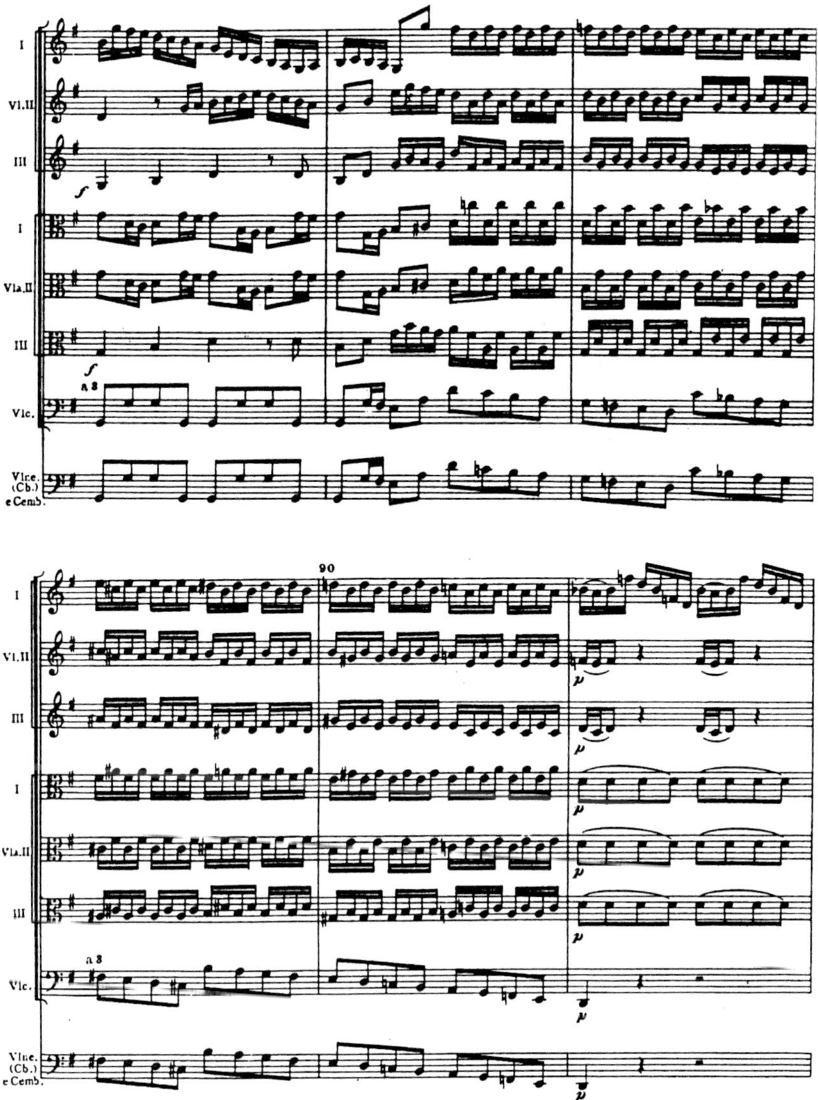

Abb. 1.8: J. S. Bach: 3. Brandenburgisches Konzert G-Dur BWV 1048 (NBA Bärenreiter Verlag Kassel, S. 15, 16). Die Oktav-Versetzungen der Basslinie erwecken den Eindruck einer endlos absteigenden Skala.

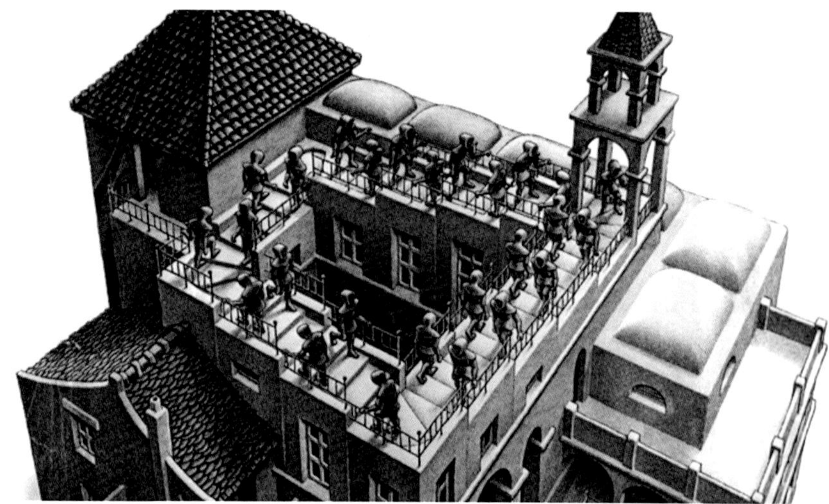

Abb. 1.9: M. C. Escher: treppauf – treppab (Lithographie, 1960). Illusion einer endlos absteigenden Treppe.

Mit solch hörpsychologischen Phänomenen „spielen" Komponisten zuweilen oder setzen sie bewusst als kompositorisches Mittel ein. Bekanntestes Beispiel ist die langsame Einleitung zum Finale in Tschaikowskys 6. Sinfonie (Abb. 1.10), bei der sich die wahrgenommene Melodie und Stimmführung erst aus der Interpolation der beiden Violinen und von Viola und Cello ergibt, indem der Hören die je benachbarten Töne aus den beiden Stimmen im Höreindruck miteinander verbinden, d.h. der Hörer erzeugt die tatsächlich wahrgenommene Melodie erst in seinem Bewusstsein; kein Instrument spielt wirklich diese Melodie, vielmehr folgt die Wahrnehmung psychoakustischen Mechanismen der Wahrnehmung (melodische Fortschreitung zum nächst benachbarten Ton), die der Vorstellung einer unmittelbaren Entsprechung von Phänomen und Repräsentation deutlich widersprechen. Dies zeigen ebenso Formen der Minimal Music, wenn sich beim Zuhören der sich minimal verändernden *interlocking patterns* die Aufmerksamkeit immer neue melodische Muster erzeugt und diese sich bei weiterem Zuhören wieder ändern können. Das, was der Hörer wahrnimmt, ist nicht deckungsgleich mit der komponierten Struktur, vielmehr liefert diese lediglich die Bedingungen für das variable Hören; jeder Hörer hört das gleiche Stück, erlebt aber seine eigene Musik. Der Einheit des Werks steht eine Vielfalt von Möglichkeiten der Empfindungen und Wahrnehmungen gegenüber.

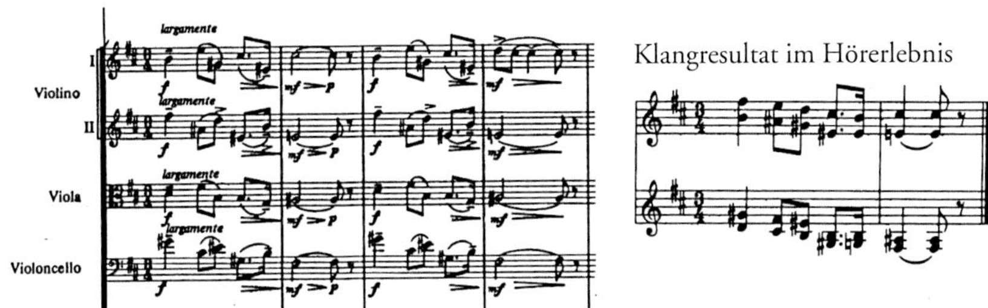

Abb. 1.10: P.I.Tschaikowsky: Einleitung zum *Finale* der *6. Sinfonie*, bei der Notentext und Hörerlebnis nicht konvergieren, deren Resultat aber hörpsychologisch durchaus plausibel ist.

Wahrnehmungstäuschungen und Illusionen spielen als *trompe-l'œil* in der Kunstgeschichte eine wichtige Rolle, wenn etwa in Deckengemälden die Illusion einer Dreidimensionalität erzeugt wird. Eine besondere Form der Sinnestäuschung stellen die allegorischen Darstellungen von Giuseppe Arcimboldo dar, die etwas anderes zeigen als das, als was sie wahrgenommen werden (Abb. 1.11). Dargestellt werden in dem Bild „Der Herbst" ausschließlich Früchte, die aber so arrangiert sind, dass sie – aus einiger Distanz betrachtet – das Porträt eines Mannes ergeben, dessen Ohr eigentlich ein Pilz oder die Wange ein Apfel ist. Auch hier spielt der Maler mit der menschlichen Wahrnehmung, die immer ein Ergebnis von Interpretation ist. Man nimmt etwas anderes wahr als das, was man eigentlich sehen müsste. Die einzelnen Bildelemente (Früchte) werden diaphan für Körperteile, so dass der Pilz nicht mehr als Pilz, sondern als Ohr, oder die Trauben als Haarlocken gesehen werden. Es ist also das interpretierende Bewusstsein, das diese Umdeutung vornimmt. Der Betrachter projiziert aus seinem Wissen eine Bedeutung auf das Bild, das dieses in seiner tatsächlichen Gestalt gar nicht enthält.

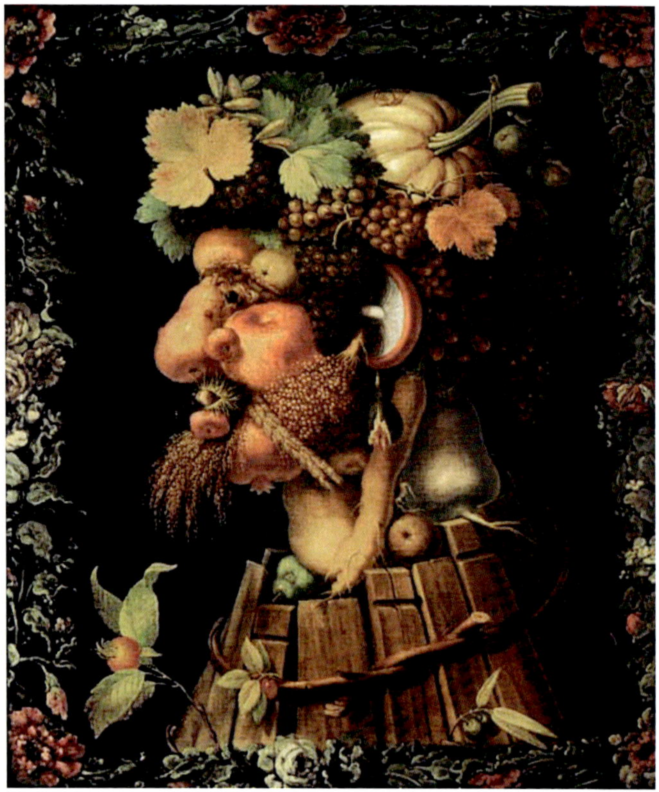

Abb. 1.11: Giuseppe Arcimboldo: Herbst (1573).

Hier werden aber eigentlich nicht Auge oder Ohr getäuscht, sondern es werden bestimmte Wahrnehmungsprozesse in Gang gesetzt, die physikalisch und psychologisch begründbar, aber neurophysiologisch nur unzureichend erklärbar sind. Denn zur Perzeption der vorfindlichen Einzelheiten in einem Bild oder Musikstück treten Gewohnheiten und Erfahrungen hinzu, die das Alltagswissen bilden und Raum bieten für individuell geprägte Wahrnehmungsmöglichkeiten. Das quasi-objektive Substrat eines Werks (das „Etwas"), das sich im Bild oder in der Partitur ebenso wie im realen Klanggeschehen niederschlägt, ist phänomenal durchaus verschieden von der real erfahrenen Wahrnehmung und Deutung dieses Gegenstands („als Etwas"), bei der die Konstellation der einzelnen Elemente zu je anderen Deutungen führen kann. Deutlich wird dabei aber auch, dass wir immer nur das hören und sehen, was *wir* hören und sehen und was wir auf Grund unserer Erfahrung und unseres Wissens hören und sehen können.

Wahrnehmen und Handeln

Dass das Wahrnehmen immer auch mit dem Handeln verbunden ist, entspricht der Alltagserfahrung, wenn man bedenkt, wie die Wahrnehmung auf die Handlungssteuerung einwirkt. Versucht man, einen Nagel in eine Wand zu schlagen, bildet die Beobachtung des Handlungsablaufs eine notwendige Voraussetzung zur Durchführung der einzelnen Handlungsschritte. Auch das Instrumentalspiel führt uns immer wieder vor Augen, wie das Handeln, hier also das Greifen von Tönen oder Akkorden selbst auf einer stummen Tastatur beim Musiker immer schon eine Tonvorstellung auslöst; im Greifen ist bereits der dadurch erzeugbare Klang einbegriffen (vgl. Kap. 3).

Die Hörwahrnehmung ist somit instrumentell wie funktional an das Handeln gebunden. Ja, man kann sagen, dass das Handeln in gewissem Umfang konstitutiv für die Wahrnehmung ist und nicht nur ein „Nebenprodukt genuin mentaler Aktivität" bildet (Hurley, 2013). Vielmehr sind sensorische und motorische Vorgänge, also Wahrnehmen und Handeln nicht nur eng miteinander verbunden, sondern haben sich auch zusammen entwickelt. Darüber hinaus lässt sich zeigen, dass die Wahrnehmung nicht nur eingebettet (*embedded*) in die Umwelt ist, sondern diese auch als Vorstellungsinhalt erzeugt (Varela, Thompson et al., 1991a). Dies zeigt ein klassischer Tierversuch.

> „In dem Experiment wuchsen kleine Kätzchen zunächst in völliger Dunkelheit auf und wurden nur unter kontrollierten Bedingungen dem Licht ausgesetzt. Eine Gruppe durfte sich dabei frei bewegen, zog aber eine Zeit lang einen Wagen mit einem kleinen Korb, in dem jeweils eine Katze der anderen Gruppe saß. Beide Gruppen machten also die gleichen Erfahrungen mit der Umwelt, allerdingen wirkte das Geschehen nur passiv auf die Katzen der zweiten Gruppe ein. Nach Beendigung des Versuchs zeigten die Tiere der ersten Gruppe normale Verhaltensformen, während die Katzen der zweiten

> Gruppe sich wie blinde bewegten und mit Gegenständen zusammenstießen oder über Kanten stürzten." (Held & Hein, 1963)

Die Tiere repräsentieren ihre Umwelt also nicht allein infolge der visuellen Wahrnehmung einzelner Umwelt-Merkmale, sondern entscheidend scheint dabei die wahrnehmungsgesteuerte aktive Handlung zu sein. Diese Interaktion ist auch der Schlüssel zur Ausbildung der sensomotorischen Intelligenz bei Jean Piaget (Piaget & Inhelder, 1972).

In neuerer Zeit hat James J. Gibson seine ökologische Wahrnehmungstheorie eng an handlungsauffordernde Komponenten der Umwelt gebunden (Gibson, 1982). Mensch und Umwelt werden dabei als untrennbare Einheit verstanden, die weder in ein Innen und Außen noch in sensorische, kognitive und motorische Komponenten zerfallen. Die von ihm entwickelte Theorie der *affordances* (Angebotscharakter) besagt, dass sich die Lebewesen, die etwas wahrnehmen, und die Objekte der Umwelt komplementär zueinander verhalten. Gibson behauptet, „dass das, was wir beim Anschauen von Objekten wahrnehmen, nicht deren Qualitäten, sondern deren Angebote sind" (Gibson, 1982, 145). Das bedeutet, dass die Gegenstände der Wahrnehmung immer zugleich Handlungsaufforderungen enthalten: eine Trommel fordert zum Trommeln auf, eine Melodie zum Mitsingen, ein markanter Rhythmus schießt in die Beine und fordert entsprechende Bewegungen heraus etc.

Den kritischen Punkt bildet dabei die Feststellung, dass Musik zu bewegtem Handeln „auf-" oder „herausfordert". Denn es wäre zu fragen, ob der jeweilige musikalische Gegenstand (die Trommel, der Rhythmus etc.) nur einen latenten Aufforderungscharakter besitzt, der beim Anschauen oder Anhören die jeweilige Handlung auslöst, oder ob Handeln als konstitutives Element der Wahrnehmung selber fungiert und diese hervorrufen und verändern kann. Denn Hören kann auch eine körperliche Aktivierung einschließen, die nicht nur linear als Folge des Hörens auftritt, also gewissermaßen den Output der gehörten Musik als Input darstellt, sondern auch eine Weise des Hörens selber ausdrückt: die Spannung und den Fluss des musikalischen Geschehens, die Antizipation eines erwarteten Ziels – Handeln ist immer zielgerichtet – oder die Gestik des Klangverlaufs. Damit erhielte das Handeln den Rang einer gleichwertigen Tätigkeit neben oder vor den kognitiven Verarbeitungsprozessen – eine Tätigkeit, die Wahrnehmen und Denken erst ermöglicht (dazu ausführlicher in Kapitel 3).

Damit eröffnen wir dem Handeln eine neue pädagogische Dimension und grenzen es gegenüber solchen wahrnehmungstheoretischen Konzepten ab, die in der Kognition nur „das Verbindungsstück zwischen Wahrnehmen und Handeln" sehen, wonach Wahrnehmen und Handeln „nicht nur getrennt voneinander, sondern auch getrennt von den höheren kognitiven Prozessen des Denkens" erscheinen (vgl. dazu Hurley, 2013, 379).

Perzeption und Kognition

Neuronal beschreibt der Hörvorgang einen mehrfachen Umwandlungsprozess der über das Ohr eintreffenden akustischen Reize: von Luftschwingungen zu Flüssigkeitsschwingungen und zu elektrochemischen Signalen, die neuronale Erregungen auslösen. Von diesem Punkt ab wird es für uns interessant. Denn das, was in den auditorischen Arealen (Hörcortices) erregt werden kann, sind mental gespeicherte Erregungsmuster bereits vorhandener Repräsentationen. Trifft ein Schallereignis auf ein gespeichertes Muster, kann etwas „als etwas" erkannt werden (*pattern matching*). Wie beim Sehen erfolgt auch beim Hören ein dauernder Musterabgleich mit bereits bekannten Mustern. Das Gehirn muss dabei also immer etwas aus dem bereits vorhandenen Wissen hinzufügen, um aus den kargen Reizen einer Frequenz (Ton) ein musikalisches Ereignis mit bestimmten Qualitäten zu generieren.

Die Realität eines Klangs, den wir erleben, ist ein Konstrukt unseres phänomenalen Bewusstseins, durch das wir je nach der Situation und der eigenen Vorerfahrung einen hohen Ton z.B. als „cis" (im Unterricht der Gehörbildung), als Oboenton (im Konzert) oder als Warnsignal (am Arbeitsplatz) erkennen. Dabei handelt es sich aber möglicherweise immer um die gleiche Frequenz, die das Innenohr an die Hörareale weiterleitet und dort als unterschiedliche Qualitäten wahrgenommen werden, von denen wir meinen, dass sie als Eigenschaften (Qualia) den Tönen innewohnen. Tatsächlich werden aber die akustischen Phänomene neuronal unterrepräsentiert und müssen im Bewusstsein mit Hilfe von Erfahrung und Wissen überrepräsentiert werden, damit sie „als etwas" wahrgenommen werden können. Eine Folge von Frequenzen als Melodie zu erfassen, bedeutet daher immer einen kognitiven Akt im Hörer.

Erst vor diesem Hintergrund können Repräsentationen entstehen, die dann erlauben, Hörerwartungen zu bilden, die erfüllt oder enttäuscht werden können. So reagiert das Gehirn spontan mit linkshemisphärischen elektrischen Impulsen im anterioren Cortex, der sog. *left anterior negativity*, LAN, auf unerwartete („falsche“) harmonische Fortschreitungen und zeigt damit morpho-syntaktische Verletzungen an (Kölsch, 2012, 63 ff.). Dies ist aber nur möglich, wenn bestimmte, regelhafte syntaktische Strukturen (in der Sprache wie in der Musik) repräsentational im Bewusstsein verankert sind. Dazu kommt es in der Regel durch akkulturale Habituierung, d.h. dadurch, dass man die Normen einer musikalischen „Sprache“ durch ständiges Hören aufnimmt und speichert. Auf Abweichungen oder Verletzungen dieser Norm reagiert das Gehirn mit der Auslösung neuronale Erregungsimpulse (LAN), d.h. es erkennt die Differenz zur etablierten Norm, selbst wenn dem Hörer diese Norm selber gar nicht bewusst ist.

Das menschliche Gehirn ist also ständig mit dem Abgleich und der Passung eingehender Informationen beschäftigt, um zu erkennen, ob ein sensorisches Signal „passt“, d.h. zu einer Aktivierung vorhandener mentaler Repräsentationen führt, oder nicht. Hören vollzieht sich im andauernden Prozess von Aktivierungsbemühungen vorhandener mentaler Repräsentationen. Wir hören und erkennen, was mental repräsentiert ist.

Es wird in unserem Zusammenhang daher notwendig, deutlich zwischen der *Perzeption* der physikalischen Parameter der Musik und deren *Kognition*, d.h. deren mentaler Verarbeitung und Deutung zu unterscheiden. Ludwig Wittgenstein hat in seinen *Philosophischen Untersuchungen* (1953) bereits auf die beiden verschiedenen Modi des Sehens (wir könnten auch sagen: der Wahrnehmung) hingewiesen. Er unterschied dabei zwei unterschiedliche „Objekte des Sehens“: den Gegenstand, der gesehen wird (das *Was*), und die Deutung, *als* was dieser Gegenstand gesehen wird oder werden kann (Wittgenstein, 2011, Teil II, xi). Während mit Perzeption die gleichsam objektive Seite des Empfangs der physikalischen Sinnesdaten beschrieben ist, kehrt sich der Wahrnehmungsprozess in der *Kognition* um. Denn hier haben wir es mit dem Erkennen der so empfangenen sensorischen Reize *als etwas* zu tun, d. h. das wahrnehmende Bewusstsein wendet sich dem Klang zu und gibt dem Gehörten Bedeutung. Die Umkehrung der Handlungsrichtung Objekt → Subjekt (Aufnahme der Sinnesreize) wird nun zu Subjekt → Objekt (Bedeutungsgenerierung). Umfang und Qualität der Bedeutungszuschreibung hängt von den individuellen Vorerfahrungen und Erwartungen ab, die den subjektiven Code der Wahrnehmung *als etwas* ausmachen. Darin greift der Hörer auf den Hörgegenstand zu, um ihn in sein bereits vorhandenes Wissen einzugliedern und ihm dadurch eine Bedeutung zuzuschreiben, die immer wieder neu erzeugt werden muss (Abb. 1.12).

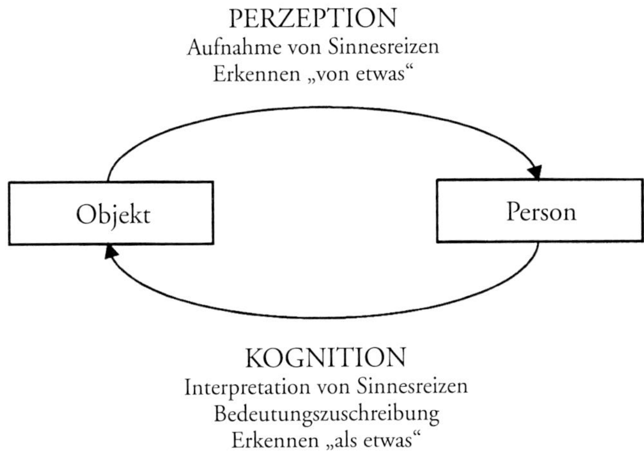

Abb. 1.12: Verhältnis von Perzeption und Kognition im Wahrnehmungsprozess.

Neurobiologisch gesehen stellt Wahrnehmung das Ergebnis von Rekonstruktionen gespeicherter Vorerfahrungen dar und bedeutet eine Interpretation eingehender Sinnesdaten durch Abgleich mit dem erworbenen Vorwissen (*pattern matching*). Die aktuelle Hörinformation aktiviert dabei das in dynamischen Netzen gespeicherte Wissen und deutet die neue Information im Sinne dieses Vorwissens, d.h. je nachdem ob sie integrierbar ist oder ob sie eine Anpassung der vorhandenen an die neue Struktur erfordert.

Analog zum linguistischen Sprachspiel (Wittgenstein, 2011) bildet hier die Wahrnehmung (Kognition), d.h. das Erkennen „von etwas als etwas“, die komplementäre Ergänzung zum physiologischen Akt des Hörens (Perzeption). Beide Vorgänge bedingen einander und bilden zusammen den dialogischen Verstehensprozess zwischen Werk und Hörer (Gadamer, 1960). Die Erfahrung der phänomenalen Qualität der Perzepte, die die reine Perzeption übersteigen, fordert dazu heraus, sich der Differenz von Perzeption und Kognition zu nähern, um daraus eine entsprechende Theorie der Hörwahrnehmung zu entwickeln.

2. Kapitel

Hören und Sehen
Hören wir, was wir sehen? – Sehen wir, was wir hören?

Hören und Sehen sind tief verwurzelt in der Metaphorik der abendländischen Kulturgeschichte. Sie sind als sinnliche Wahrnehmungsmodalitäten immer schon auf Erkennen gerichtet. Damit stellen sie zwei verschiedene Möglichkeiten der Wirklichkeitsorientierung dar (Moxter, 2011). Das Sehen ist dabei auf die wahrnehmbaren äußeren Erscheinungen gerichtet, während das Hören dem Logos zugewandt ist. Hören vollzieht sich in der unmittelbaren Beziehung auf die innere Vorstellung des Sinns des Gehörten. Um dies zu ermöglichen, forderte Martin Luther seine Gemeinde in einer Predigt (1533) auf: „stecke die augen inn die orhen" (Moxter, 2011, 160).

Für den lernenden Umgang mit Musik hat Jeanne Bamberger den umgekehrten Weg vorgeschlagen: das genaue Hören vor das Wissen und Sehen zu stellen, um dabei eine Transformation von Handlungen in Wissen durch unvoreingenommenes Hören zu ermöglichen (Bamberger, 1996). Sie ist in ihren Forschungen zur kindlichen Wahrnehmung immer wieder der Frage nachgegangen: „Do we hear what we see; Do we see what we say?" und hat damit auf das Dilemma von Hören und Wissen hingewiesen, wenn der Begriff, das Wissen vor die Erfahrung des Gehörten gestellt wird. Naive Hörer ohne musiktheoretisches Wissen haben Schwierigkeiten, das im Hören Erlebte in der Notation oder in Fachtermini abgebildet zu finden. Sie hören nicht, was sie dort sehen; aber sie hören deshalb nicht minder musikalisch angemessen und differenziert (vgl. dazu auch Kap. 5).

Dennoch sind Hören und Sehen eng miteinander verbunden, sei es, dass man einem Spieler oder einer Gruppe von Musikern bei ihrer Musikausübung zusieht, sei es, dass die Musik Erinnerungen weckt und man innere Bilder sieht, sei es, dass die Musik unmittelbar visuelle Eindrücke evoziert. Aber das, was wir hören, ist nicht zwangsläufig dasselbe wie das, was wir sehen (und umgekehrt). Im Fall der Synästhesie sind es Farben oder auch Gerüche und Geschmacksempfindungen, die mit bestimmten Tonhöhen verbunden sind. Bei einer musikalischen Aufführung, die wir sehen, vermag schon die sichtbare Gestik eines Spielers oder Sängers viel über die Musik selber zu vermitteln, nämlich ihre expressive Emotionalität, ihren agogischen Verlauf, ihren Ausdruckscharakter oder ihre Dynamik. Es gilt also zu unterscheiden, ob man Klänge unmittelbar mit visuellen Eindrücken verbindet oder das Geschehen der Klangerzeugung, d.h. die Ausführung von Musik mit den Augen verfolgt.

Das Auge hört mit

Dass das Auge beim Hören beteiligt ist, weiß jeder Konzertbesucher. Denn zu sehen, wie die Musiker agieren und was sie mit ihren Instrumenten machen, vermittelt einen anderen Eindruck als das bloße Hören von der CD. Wie stark die visuelle Information allerdings den Höreindruck beeinflussen kann, zeigt der sogenannte McGurk Effekt (Macdonald & McGurk, 1978). Dabei wird eine Videoaufnahme eines Sprechers gezeigt, der die Laute *ga-ga* spricht, wobei die Tonspur aber so manipuliert wird, dass tatsächlich die Silben *ba-ba* zu hören sind. 98% der erwachsenen Versuchspersonen geben jedoch an, die Lautfolge *da-da* gehört zu haben. Die akustische Wahrnehmung bezieht also die visuelle Information mit ein und versucht, die optischen Signale mit den akustischen in Übereinstimmung zu bringen mit dem Erfolg, dass etwas anderes gehört als tatsächlich gesprochen wird. Die visuelle Information legt hier fest, als was die Lautfolge erkannt wird.

Sonst sind es vor allem die Bewegungsaspekte der musikalischen Gestik (Gruhn, 2014b), die die Aufmerksamkeit des Hörers auf sich ziehen. Die visuelle Information kann dabei vom bloßen Hören ablenken, weshalb bei Probespielen die Bewerber „blind“, also hinter einem Vorhang, beurteilt werden. Auge und Ohr sind in der Gestik des Tuns eng miteinander verbunden. Dieter Schnebel hat diesen Zusammenhang kreativ genutzt und in „MO-NO“ (1969) eine „Musik zum Lesen“ entworfen, bei der die grafischen Zeichen auf den Seiten dieses Buchs beim Leser innerlich Klänge hervorrufen sollen. Dass Musik, die wir hören, Bewegungen nachzeichnen kann, wissen wir aus der Programm- und Stummfilmmusik. Aber ist der Zusammenhang zwischen sichtbarer Bewegung und hörbarem Klang so eng, dass man allein aus den sichtbaren Spielgesten etwas über die Musik und den musikalischen Sachverhalt erfahren kann?

Dazu hat Chia-Jung Tsay einen interessanten Versuch gemacht (Tsay, 2013). Sie präsentierte ihren Versuchsteilnehmern (Anfängern und professionellen Musikern) kurze Ausschnitte von drei Finalisten aus 10 verschiedenen internationalen Klavierwettbewerben, die sie nach ihrer musikalischen Qualität beurteilen sollten („Wer wurde erster Preisträger?"). Zuvor ließ sie die Teilnehmer einschätzen, ob sie dazu eher eine Tonaufnahme, eine Videoaufzeichnung (stumm) oder ein Video mit Ton zur Beurteilung bekommen wollten. Wie nicht anders zu erwarten, wünschte sich eine Mehrheit von 58,5 % die reine Tonaufnahme als relevanteste Beurteilungsgrundlage für die musikalische Aufführung. In der weiteren Versuchsanordnung zeigte sich dann aber, dass die stumme Video-Aufzeichnung sowohl der akustischen Aufnahme wie auch der kompletten Video-Aufzeichnung (Ton und Bild) überlegen war. Die Teilnehmer waren am ehesten auf Grund der stummen Video-Aufzeichnung in der Lage, den Preisträger zu identifizieren. Das erscheint auf den ersten Blick sehr überraschend zu sein, weil es die Vermutung nahelegt, dass die visuelle Information der akustischen überlegen ist (*sight over sound*).

Das Ergebnis ist aber differenzierter zu beurteilen, wenn man bedenkt, dass sich der musikalische Gehalt, insbesondere die interpretatorische Gestaltung unmittelbar in der Bewegungsenergie und Körperspannung wie in der körperlichen Agogik spiegelt. Die reine Video-Aufzeichnung vermittelt also keineswegs nur visuelle Informationen, sondern die beobachtete motorische Dynamik ergibt sich unmittelbar aus der musikalischen Klanggestaltung, der sie sich verdankt und die damit zugleich auch die musikalische Expressivität abbildet. Was man als Gestik sieht, lässt daher direkte Rückschlüsse auf die musikalische Darstellung zu und vermittelt diese durch Bewegung.

Bewegtes Hören – bewegtes Sehen

Interessant ist es daher, Hören und Sehen unter dem Aspekt der Bewegung zu vergleichen. Hören verläuft entlang der Zeitachse, vollzieht sich also in der

Zeit. Um einen Eindruck von einer Melodie oder einem ganzen Musikstück zu erhalten, ist es erforderlich, sich an die eben vergangenen Klänge zu erinnern und aus ihnen Erwartungen auf das Kommende zu bilden. Das Hören eines Musikstücks besteht also in der Konstruktion einer Gestalt aus Retention und Projektion. Dies stellt einen kognitiven Akt der Bewegung des Geistes im Hören dar. Ganz anders erscheint auf den ersten Blick die Betrachtung eines Bildes, das dem Betrachter als Ganzes in jedem Moment „vor Augen steht." Es scheint also um einen statischen Prozess des Sehens zu gehen. In Wirklichkeit erfolgt das Sehen aber durch das nicht-lineare Abtasten eines Bildes mit den Augen. Bereits im 19. Jahrhundert hat man begonnen, die Augenbewegungen (*Okulomotorik*) zu beobachten und zu beschreiben. In den 1950 er und 60er Jahren hat der russische Psychologe Alfred Yarbus nachgewiesen, dass sich der Bewegungsverlauf der Augen je nach der Aufgabenstellung (Aufmerksamkeitsrichtung) unterscheidet (Yarbus, 1967) (Abb. 2.1).

Neue Technologien ermöglichen es heute, die Augenbewegung mit Hilfe von Eye-Tracking Verfahren präzise zu messen. Dabei können entweder die Fixierungspunkte farblich kodiert werden (sog. *heatmap* oder *attentionmap*) oder die Reihenfolge und Dauer von Fixationen grafisch angezeigt werden (*gazeplot* oder *scanpath*) (Abb. 2.2).

Hinsichtlich der Bewegung beim Hören und Sehen ergeben sich somit analoge Prinzipien mit spezifischen Unterschieden der Bewegung in der Wahrnehmung. Bilder wie Musik konstituieren sich in der Wahrnehmung aufgrund einer Bewegungsphase *vor* der Herstellung des Objekts durch den Künstler und *nach* der Begegnung des Rezipienten mit dem Objekt:

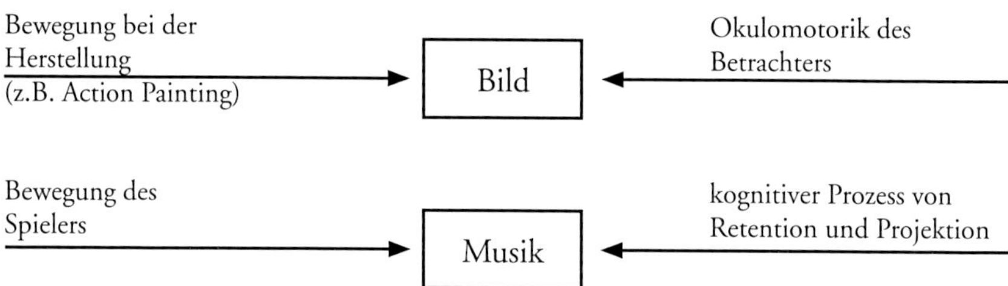

Hier wird der Bewegungsaspekt in der Wahrnehmung evident. Dieser tritt besonders deutlich im Verhältnis von Figur und Grund in Erscheinung. So wird

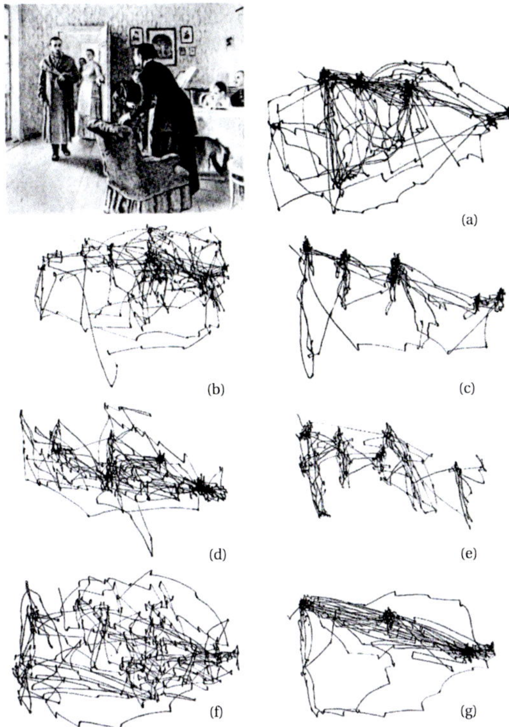

Abb. 2.1: Aufmerksamkeitsabhängige Blickverläufe.

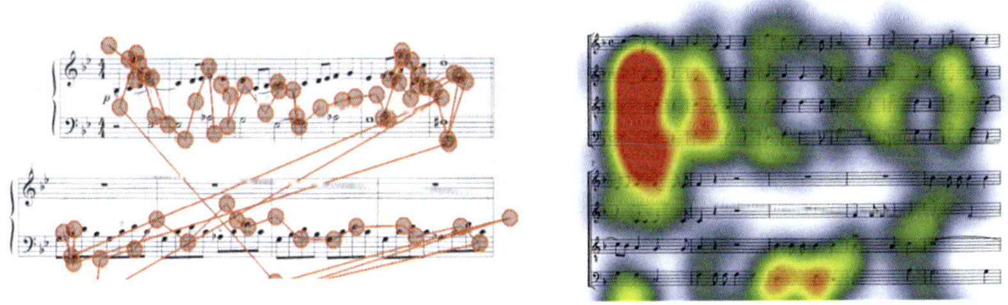

Abb. 2.2: links: *Gazeplot* (Bewegungsverlauf) beim Blattspiel; rechts: *Heatmap* (Fixationsdauern) beim Lesen einer Partitur.

sich etwa eine Figur vor einem Hintergrund aus sich unregelmäßig überschneidenden Wellenlinien kaum abheben, sondern in diesem Liniengeflecht aufgehen und erst in dem Moment erkennbar werden, wenn sie als geschlossenes Gebilde (hier: Fahne in der rechten Bildhälfte) über den Hintergrund bewegt würde (Abb. 2.3). Die Bewegung macht die Figur also erst wahrnehmbar.

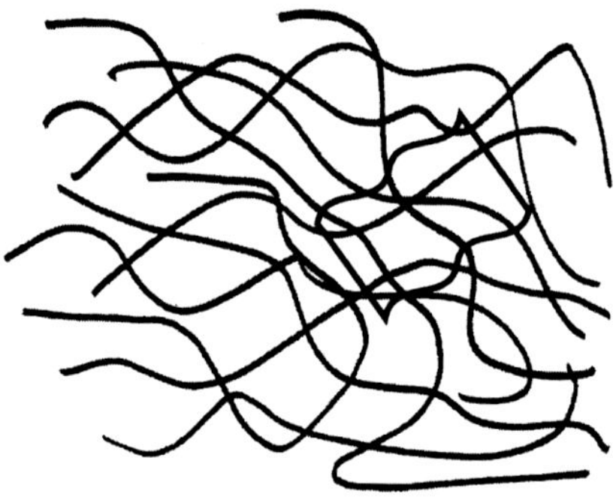

Abb. 2.3: Verhältnis von Figur und Grund.

Hören und Lesen

Das Hören einer Melodie oder eines Textes verlangt die gleichen prozessualen Strategien der Vergegenwärtigung des Vergangenen mit der Projektion von Erwartungen auf das Kommende wie das Lesen. In beiden Wahrnehmungsmodi orientiert sich die Wahrnehmung am linear fortschreitenden Zeitverlauf. Aber es gibt dabei interessante Abweichungen, wenn wir etwas Anderes hören als das, was wir lesend sehen. Hören wir das, was wir sehen, oder ist der Höreindruck unabhängig von dem gelesenen Notentext? Im *Marche Royal* aus Strawinskys *Histoire du Soldat* (1917) lässt das Partiturbild etwas anderes erwarten als das, was man tatsächlich hört: die rhythmischen Schläge der Streicher, Klarinette, Fagott, Cornet und Schlagzeug markieren deutlich den regelmäßigen Marschrhythmus, über den sich mit leichter Verschiebung die Melodie der Posaune legt (Abb. 2.4).

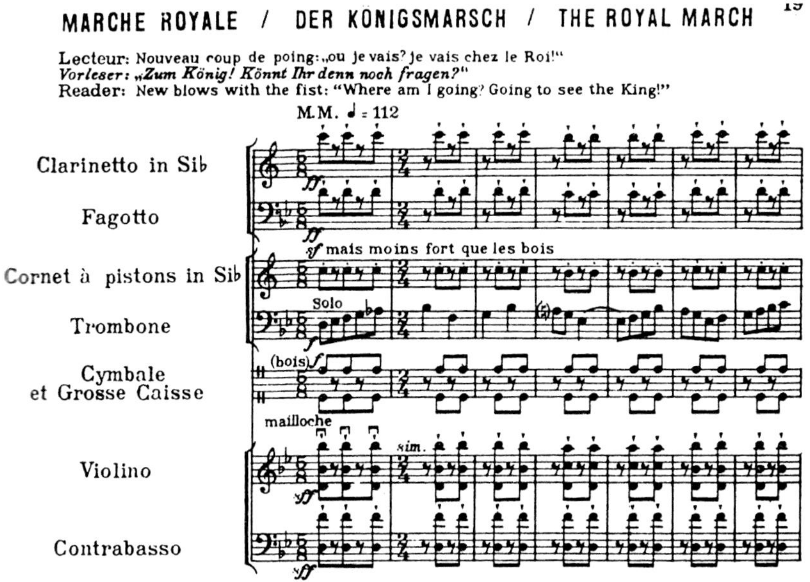

Abb. 2.4: Igor Strawinsky: *Marche Royale*, aus: *Histoire du Soldat*, Chester: London 1924, S. 19.

Hier überlistet das akzentuierte Metrum in der Hörwahrnehmung den um ein Achtel verschobenen Zweiviertel-Takt, den die Partitur zeigt. Die Notation liefert nur das formale Ordnungsschema, von dem die akustische Wahrnehmung sich unabhängig am regelmäßigen Puls orientiert. Hör- und Gesichtssinn driften hier auseinander und dokumentieren so ihre phänomenale Unabhängigkeit. Der metrische Bewegungsimpuls, der in den Vordergrund rückt, wirkt stärker als die Metrik der symbolischen Notierung. Diese Antinomie der verschobenen Schichten macht gerade den ästhetischen Reiz des Marsches aus; die Diskrepanz zum Lesen fällt demgegenüber musikalisch nicht ins Gewicht.

Ein ähnliches Phänomen begegnet uns in György Ligetis Cembalo-Stück *Continuum* (1968). Hier steht die notierte Regelmäßigkeit der durchlaufenden Achtelbewegung im Widerspruch zum Höreindruck, der Temposchwankungen wahrnimmt. Denn das Ohr „denkt“ und fasst die Zweier-, Dreier, Viererund Fünfergruppen zusammen, wodurch sich immer längere Strukturelemente bilden, die den Eindruck unterstützen, dass das Pulsieren der repetierten Gruppen im Hörbewusstsein immer längere Zeiteinheiten beansprucht, so dass der Puls bei gleichbleibendem Tempo immer langsamer zu werden scheint (Abb. 2.5). Die Information des lesenden Auges ist dabei irrelevant für die Informationsverarbeitung des Gehörs, das sich an der Bewegung des pulsierenden Rhythmus orientiert.

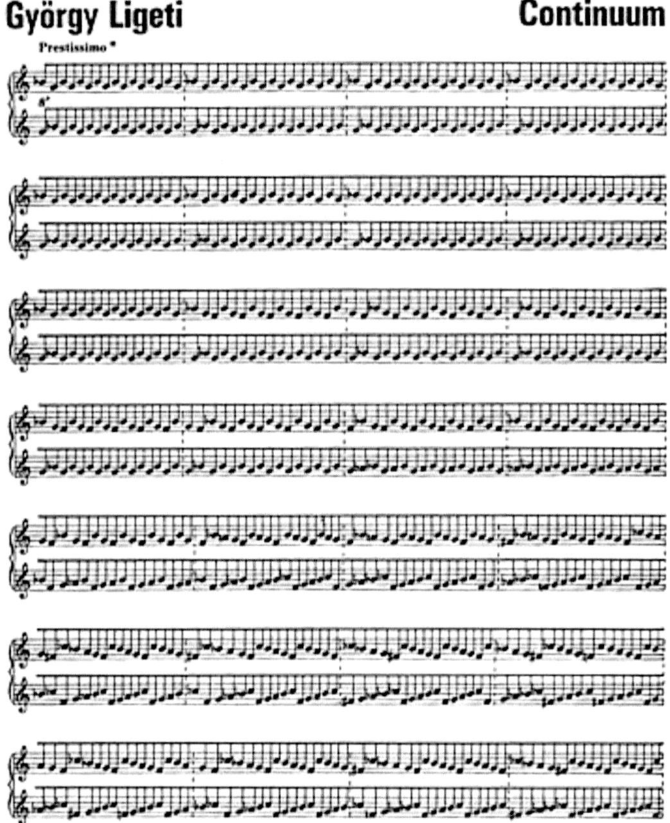

Abb. 2.5: György Ligeti: *Continuum*, Mainz: Schott 1968.

Eine ganz ähnliche Erfahrung macht man beim Hören von Arthur Honeggers Tondichtung *Pacific 231* (1924), die die Bewegung einer Dampflokomotive musikalisch übersetzt, indem die rhythmische Beschleunigung durch die Vergrößerung der metrischen Einheiten in der choralartigen Trompeten-Melodie bei gleichzeitiger Verkleinerung der rhythmischen Motive erzeugt wird. Das Ohr (der Hörvorgang) folgt dabei hörpsychologischen Gesetzen, die dazu führen, dass das erlebte Tempo von den größeren metrischen Einheiten abhängt.

Es ist offensichtlich, dass das Sehen mit dem Hören eng verbunden ist; doch folgt jede Sinnesmodalität ihren eigenen Gesetzen. Und dies kann dazu führen, dass man nicht hört, was man sieht, ohne dass dabei schon eine optische oder akustische Täuschung vorliegt. Was man hörend wie sehend erkennt, entsteht im eigenen Hörbewusstsein als Ergebnis hörpsychologischer Wahrnehmungsprozesse.

3. Kapitel

Lernen und Handeln – Lernen als Handeln
Wie wir lernen – Warum wir handeln

Aus neurobiologischer Sicht könnte man sagen, dass Lernen sich im *Gehirn* abspielt. Aber das Gehirn ist unmittelbar mit den Körperfunktionen verbunden und interagiert durch efferente und afferente Nervenbahnen mit dem Körper, dessen Aktionen es auslöst, steuert und deren Effizienz bewertet. Insofern müsste man sagen: Lernen vollzieht sich *im Körper* – und der schließt das Gehirn ein. Und weil der Körper mit seinen Lebensfunktionen nicht ohne Bewusstsein agieren kann, müsste es heißen: nicht der Körper, die Finger, die Ohren etc. lernen, sondern der *Mensch* als Gesamtorganismus lernt. Aber diese Aussage ist so unspezifisch, dass man daraus keine exakten Aussagen über die internen Vorgänge des Lernens machen kann. Und so kehren wir wieder zum Ausgangspunkt zurück. Die neuronalen Veränderungen, die jedem Lernen zugrunde liegen, finden im Gehirn statt, das mit dem Körper interaktiv verbunden ist und nicht ohne diesen gedacht werden kann. Wollen wir jedoch die basalen Grundlagen des Lernens in ihrem Ursprung verstehen, müssen wir den Blick zunächst eben doch auf das Gehirn lenken. Dazu muss vorausgeschickt werden, was wir hier unter Lernen verstehen wollen.

Lernen beruht auf Veränderungen, die sich im Organismus vollziehen, die zu neuen Zuständen führen oder etablierte Prozesse modifizieren. Auf der untersten Ebene der molekularen Vorgänge bedeutet dies, dass sich neue Nervenverbindungen und Übertragungsnetze bilden (Synaptogenese) oder neuronale Erregungen verstärkt (exzitatorische Neuronen) oder gehemmt werden (inhibitorische Neuronen) und dass unwirksame oder unbenutzte synaptische Verbindungen wieder verschwinden (*pruning*). Auf diese Weise werden die elektrochemische Signalübertragung und weiterleitung ständig den Anforderungen der Reizumwelt angepasst und auf ihre Effizienz hin überprüft. Lernen beruht auf plastischen Veränderungen im Gehirn. Dynamische Änderungen der synaptischen Signalübertragung bilden die Grundlage für die neuronalen Antworten auf äußere Reize, die den Anfang aller Lernprozesse bilden. Wenn Lernen sich also auf die Kommunikation zwischen Nervenzellen und Zellverbänden zurückführen lässt und diese eine Änderung synaptischer Verschaltungen zur Folge hat, dann ist zu fragen, wie Lernprozesse im Unterricht überhaupt initiiert werden können, da man ja von außen nicht unmittelbar auf die zellulären Prozesse einwirken kann.

In diesem Zusammenhang kommt die enge Verbindung von Körper und Geist oder von körperlichen Aktionen (Bewegungen, Handlungen) und zerebralen Prozessen (Wahrnehmen und Erkennen), also von Motorik und Kognition ins Spiel. Denn die Grundhypothese der vorliegenden Untersuchung besagt, dass es sich bei der Wahrnehmung um einen aktiven, generativen Prozess handelt, der auch die körperlichen Funktionen mit einbezieht.

Wir haben Körper, die lernen; Informatiker und Robotiker betonen sogar, dass sie Robotern Körper geben, *damit* diese lernen können (Raúl Roja, in: Althans, 2008, 295; Hervorhebung WG), denn „in ihrem körperlichen Agieren manifestieren … sich Lernvorgänge, die als Bewegung des Körpers gespeichert werden“ (ebd.). Die Hirnforschung konnte zeigen, dass Handlungen auf die Wahrnehmung einwirken und diese modulieren können (Maes, Leman et al., 2014). Das auditorische und das motorische System bilden neuroanatomisch nämlich ein enges Netzwerk. Und dieses Netzwerk kann – wie neueste Untersuchungen zeigen – nicht nur über elektrochemische Signale an den synaptischen Schaltstellen miteinander kommunizieren, sondern auch mittels einer Vergrößerung der dendritischen Dornen – einer Kraft also, die der Muskelkontraktion vergleichbar ist und somit schon durch eine rein mechanische Wirkung auf neuronale Prozesse einwirken kann (Ucar, Watanabe et al., 2021). Neurokognitive und neuromotorische Veränderungen bedingen sich zuweilen gegenseitig.

Die biologischen Wurzeln alles menschlichen Erkennens haben auch die Biologen und Philosophen Humberto Maturana und Francisco Varela in ihrer biologischen Theorie der Kognition aufzudecken versucht, wonach jedes Erkennen mit Handeln und jedes Handeln mit Erkennen verwoben ist (Maturana & Varela, 1987, 31). Bedeutungsgenerierung als Ziel des Lernens resultiert demnach aus der Interaktion mit der Umwelt und einer autopoietischen, d.h. einer selbstorganisierten Konstruktion der Wahrnehmung und des Erkennens. Denn jede Wahrnehmung entspringt aus einer körperlichen Tätigkeit, die das Resultat der biologischen Evolution der kognitiven Funktionen ist (Berthoz, 2009), worauf im 4. Kapitel näher eingegangen wird.

Dies unterstützt die pädagogische Bedeutung, die dem Handeln im Sinne körperlicher Bewegung für das Lernen beigemessen wird. Lernen kann so als eine Funktion handelnder Erfahrung beschrieben und somit selbst als eine zentrale Form des Handelns verstanden werden, das von neuronalen Prozessen im Gehirn ausgeht und auf diese zurückwirkt. Über den handelnden Umgang mit den Erscheinungen der empirischen Wahrnehmung und den physikalischen Gegebenheiten des Klangs erlangen Pädagogen die Möglichkeit, auf die neuronalen Mechanismen der Reizverarbeitung einzuwirken. So können etwa Lautstärkeunterschiede als Folge einer Veränderung der Kraftaufwendung wie der Modellierung des Bewegungsablaufs bei der Tonerzeugung erfahren werden. Solche Veränderungen der körperlichen Motorik spiegeln sich dann in neuronalen Mustern, die wiederum als repräsentierte Form der klanglichen Differenzierung gespeichert werden.

Aber nicht immer und überall wird Lernen ausschließlich durch handelnde Aneignung ausgelöst. Grundsätzlich kann man folgende Stadien und Möglichkeiten des Lernens unterscheiden:

Lernen durch

- kommunikative Interaktion in unterschiedlichen Handlungszusammenhängen;
- Beobachtung, Imitation und Exploration (Erprobung neuer Möglichkeiten beim frühkindlichen Lernen);
- systematisches Nachdenken und probehandelnde Erkundung einer neuen Strategie zur Problemlösung;
- mechanische Repetition von Bewegungsabläufen (Einüben motorischer Vorgänge);
- Einpassung konkreter Erfahrungen im Umgang mit neuen Phänomenen in vorhandene Strukturen (Assimilation und Akkommodation);
- Gewöhnung (Habituierung) an unbekannte, neue Formen der Musik (z.B. durch wiederholtes Anhören und Einhören in neue Klangwelten);

- sprachliche Kommunikation, Erklärung und Beschreibung (explizites Lernen);
- logische Klärung neuer Sachverhalte auf der Grundlage bisherigen Wissens (analytische Deduktion).

Wenn es aber um die Repräsentationsbildung genuin musikalischer Erscheinungen (Tonhöhen, Lautstärke, Dauern etc.) geht, muss am Anfang immer die praktische Erfahrung und Erkundung dieser klanglichen Erscheinungen gehen, damit sich die auditorischen Aktionspotentiale mit den neuronalen Erregungsmustern verbinden können. Dabei spielt die handelnde Aneignung eine ganz entscheidende Rolle (Gruhn, 2014a; Gruhn & Röbke, 2018). Denn körperliche Handlungen erzeugen die neuronalen Erregungsmuster, ohne die sich keine inneren Repräsentationen der Phänomene selbst (nicht von deren verbalen Referenzen = sprachlichen Benennungen) bilden können. Handlungen stellen somit eine notwendige Voraussetzung zur Erzeugung neuronaler Aktivitäten dar, auf denen genuines Lernen der musikalischen Eigenschaften beruht.

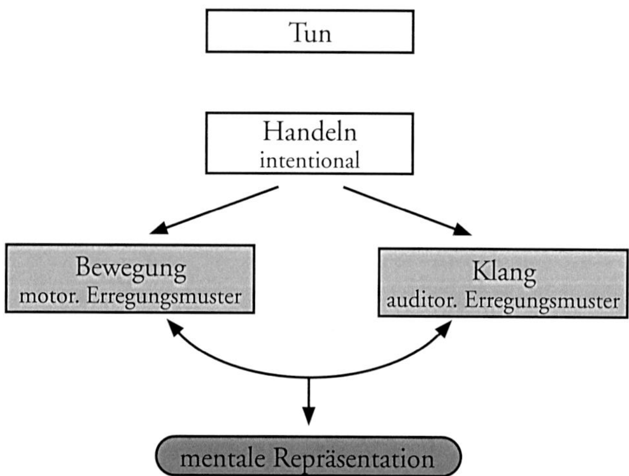

Abb. 3.1: Entstehung mentaler Repräsentationen von musikalischen Phänomenen.

Analog zur Bedeutung des Phänomens der Bewegung für das Lernen verhalten sich die rhythmischen Pulsationen neuronaler Aktivität im Gehirn. Die Mechanismen synchron feuernder Neuronennetze bilden die Grundlage für die Wahrnehmung und Kommunikation (Singer, 2002, 101–108), indem die synchrone Oszillation die verteilten neuronalen Aktivitäten (Feuerraten) koordinieren und dadurch als gemeinsame Informationsströme auszeichnen. Da die externen Reize in verschiedenen Modulen mit aufsteigender Spezialisierung verarbeitet, aber dennoch als einheitlicher Reiz wahrgenommen werden, muss es einen Verknüpfungsmechanismus geben, der durch gleichzeitige neuronale Entladungen in den beteiligten Arealen zustande kommt. Hier hat man beobachtet, dass schnelle Oszillationen im Gamma-Band, die durch fokussierte Aufmerksamkeit verstärkt werden, diese Verbindung hergestellt wird (Vezoli, Vinck et al., 2021). So bewirken auf neuronaler Ebene synchrone Hirnrhythmen (Bewegung) Information (Wahrnehmung).

4. Kapitel

Vom Bewegen zum Denken – Vom Handeln zum Hören oder: Wozu braucht man ein Gehirn?

Bewusstsein und abstraktes Denken stellen höhere Formen geistiger Aktivität dar, die wir im Gehirn verorten, das alle körperlichen und geistigen Funktionen steuert. Man muss daher von einer zerebralen Dominanz menschlichen Verhaltens mit seinen spezifischen Fähigkeiten ausgehen. Auch das musikalische Hören stellt eine solche Verhaltensform dar, deren Prozesse mental gesteuert werden und als kognitive Leistung im Gehirn verankert sind. Die Tätigkeit des Hörens und Verstehens von Musik kann man aber auch als eine Form des Handelns und Bewegens beschreiben. Denn Musik bewegt uns innerlich bei der Darstellung oder Auslösung von Affekten und äußerlich begleiten wir unser Hören und Musizieren spontan mit körperlichen Bewegungen, so etwa beim Instrumentalspiel, beim Tanzen und Marschieren, aber auch bei vielen anderen Formen rhythmischer Musik, die uns in die Beine fährt. Insbesondere Kinder, die sich noch ganz unreflektiert mit vollem Körpereinsatz der Musik hingeben, tun dies, indem sie sich spontan zur Musik eher und mehr bewegen als zur Sprache (Zentner & Eerola, 2010).

Eine unmittelbare Verbindung von Perzeption und Aktion ist 1992 durch die Entdeckung der sogenannten Spiegelneurone durch den Neurophysiologen Giacomo Rizzolatti und seine Mitarbeiter neurobiologisch nachgewiesen worden. Dabei fanden die Forscher im prämotorischen Kortext von Makaken, die beobachteten, wie ihre Wärter nach Futter griffen, die gleichen neuronale Aktivierungen wie dann, wenn die Tiere selber diese Handlung ausführten (Rizzolatti, 1996; Gallese, Fadiga et al. 1996). Die bloße Wahrnehmung einer Bewegung löste demnach eine Aktivierung von Bewegungsneuronen aus. Nachdem das gleiche Phänomen auch im prämotorischen Kortex beim Menschen nachgewiesen werden konnte, war der Mythos der Spiegelneurone in der Welt und eröffnete eine rege Diskussion um deren Bedeutung beim imitatorischen Lernen. Während es dabei jedoch um die Auslösung von motorischer Erregung durch Wahrnehmung geht, soll hier vielmehr die Wahrnehmung selber als Aktivität in den Fokus rücken und damit der erkenntnistheoretische Zusammenhang von Kognition und Aktion aufgedeckt werden.

Dazu müssen wir zunächst klären, in welcher Beziehung das Hören zum Denken steht und wie sich diese zur Bewegung verhält. Ausgehend von der naiven Alltagserfahrung könnte man annehmen, dass der Impuls zu einer Bewegung von einer bewussten Entscheidung ausgeht, die dann eine neuronale Erregung auslöst, die die Bewegung durch Muskelkontraktion in Gang setzt. Diese Annahme wurde jedoch durch eine spektakuläre Versuchsreihe erschüttert, die der Physiologe Benjamin Libet 1979 durchgeführt hat, mit der er zeigen konnte, dass sich Bereitschaftspotentiale, d.h. die einleitende Erregung einer Muskelaktivität in den beteiligten Arealen des motorischen Kortex bereits mehrere hundert Millisekunden *vor* der bewussten Absicht zu dieser Bewegung und ihrer Ausführung nachweisbar sind (Libet, Gleason et al., 1983). Die physiologische Bewegungsplanung (das Bereitschaftspotential) eilt der bewussten Absicht also voraus, oder anders ausgedrückt, die zerebrale Vorbereitung der Bewegung folgt nicht dem Willen zu Bewegung, sondern dieser erscheint erst im Gefolge der neuronalen Bereitschaft. Das musste Aufsehen und Widerspruch erregen, denn dieses Ergebnis stellt die gängige Vorstellung auf den Kopf, dass nämlich erst die bewusste Absicht zu einer Bewegung führt, während demgegenüber offenbar die neuronale Bereitschaft im motorischen Kortex dem mentalen Bewusstsein vorausgeht. Man könnte also sagen, dass das Bewusstsein der neuronalen Bewegungsplanung hinterherhinkt. Aber das würde unverzüglich die Frage provozieren, wozu wir denn ein Gehirn brauchen, wenn nicht für das mentale Planen und Denken und die damit verbundenen kognitiven Prozesse des Wahrnehmens und Erkennens.

Eine überraschende Antwort darauf hat der Neurowissenschaftler Daniel Wolpert in einem viel beachteten Vortrag gegeben: „Wir haben ein Gehirn aus einem einzigen Grund, und der besteht darin, anpassungsfähige, komplexe Bewegungen auszuführen. Es gibt keinen anderen Grund für ein Gehirn“ (Wolpert, 2011). Diese provozierende Feststellung eines Neurologen und

Ingenieurs, der wichtige Beiträge zur Bewegungssteuerung geliefert hat, wird vielleicht besser verständlich, wenn man die kommunikative Funktion aller menschlichen Aktionen und Interaktionen bedenkt. Kommunikation geht immer von Bewegungen aus und schließt Handlungen ein. Um einem anderen etwas mitzuteilen, muss man sich ihm zuwenden, auf ihn zugehen und ihm etwas zeigen. Bewegungen erscheinen somit als eine evolutionäre Vorform des kommunikativen Austauschs.

Eine neue Sicht erlaubt in diesem Zusammenhang die entwicklungsbiologische Theorie von Rodolfo Llinás, einem kolumbianisch amerikanischen Neurowissenschaftler aus New York, der aus evolutionsbiologischer Sicht Geist und Bewusstheit (*mindness*) als Internalisierung von Bewegung versteht. "The ability to think … arises from the internalization of movement" (Llinás, 2001) 62). Dies lässt sich eindrücklich an einem Beispiel aus der Biologie zeigen. Seescheiden (Ascidiaceae, Abb. 4.1) sind gallertartige Manteltiere (Tunikaten), die ebenso das Schelfmeer wie die Tiefsee besiedeln. Sie zeigen eine frühe evolutionäre Entwicklungsstufe und gehören zu den Chorda-Tieren mit einer stabförmigen Stütze im Rücken (chorda dorsalis) und einem Neuralrohr, woraus sich bei höheren Wirbeltieren die Wirbelsäule entwickelt hat. Im Larvenstadium lässt die Seescheide auch die rudimentäre Anlage eines Gehirns erkennen.

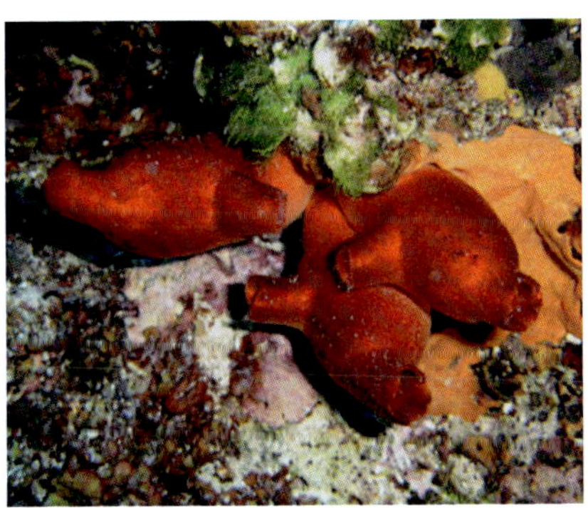

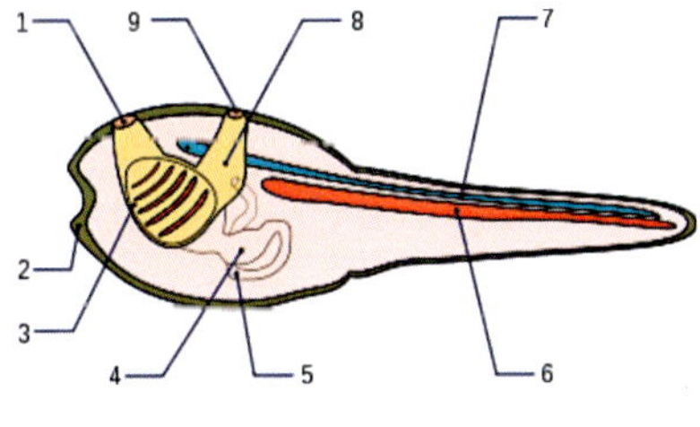

Abb. 4.1: Seescheide (Ascidiacea), ein die Meere besiedelndes, auf festem Grund angewachsenes Manteltier (Tunicata).
1 = Ingestionsöffnung, 2 = Haftpapillen, 3 = Kiemendarm, 4 = Magen, 5 = Darm, 6 = Chorda dorsalis, 7 = Neuralrohr, 8 = Peribranchialraum, 9 = Egestionsöffnung.

In der kurzen Zeit als Larve sucht das Tier einen festen Grund, auf dem es sich dauerhaft ansiedeln kann, wobei das primitive Nervensystem (Ganglion) Informationen über die Umgebung aufnimmt. Es steuert dabei die Bewegung in der spezifischen Lebensumwelt. Sobald die Seescheide dann sesshaft geworden ist und nur noch die Nährstoffe aus dem wogenden Wasser über die Ingestionsöffnung zu filtern braucht, wird das gehirnähnliche Nervensystem fast vollständig abgebaut. Denn ohne die Funktion der Bewegungssteuerung während der Umweltorientierung verliert das Gehirn seine eigentliche Aufgabe (vgl. Llinás 2001, 15 ff.).

Aus dieser biologischen Beobachtung leitet Llinás seine neurobiologische Theorie ab, dass die primäre Funktion eines Gehirns der Bewegungssteuerung dient und dass sich dann im Gefolge der Evolution das Denken aus der Internalisierung ursprünglicher Bewegungsabläufe entwickelt haben muss. Die evolutionäre Bedeutung der Entwicklung eines Nervensystems wäre somit eine spezifische Eigenart sich aktiv bewegender Lebewesen (Llinás, 2001, 17). Das Gehirn fungiert dabei ursprünglich als ein Organ zur Navigation in der physischen Umwelt.

Im Zentrum von Llinás Theorie zur Entwicklung der höheren Gehirnfunktionen steht dabei das Phänomen der Oszillation. Neurone besitzen ein elektrisches Potenzial, dessen Oszillation sich je nach Reizung verändert. Dabei ermöglicht die Synchronisierung der Oszillation innerhalb einzelner Zellgruppen, dass deren Neurone zueinander in Beziehung treten und miteinander kommunizieren können. Die Oszillation der neuronalen Aktivität bildet dann die Grundlage dafür, dass durch die synchrone Verbindung der Nervenzellen die isolierten sensorischen Reize zu einer kohärenten Wahrnehmung zusammengeführt werden, die dann im weiteren Verlauf zu kognitiven Prozessen des Denkens führen und zu Wahrnehmungen bis hin zur Hervorbringung komplexer Ideen (Llinás, 2001, 62).

Die Bedeutung der Oszillation bei der neuronalen Reizverarbeitung und Wahrnehmung hat der ungarische Neurowissenschaftler György Buzsáki (2006) systematisch untersucht und dabei den engen Zusammenhang von Handeln und Wahrnehmen, von Perzeption und Aktion hervorgehoben. Dass die Bildung mentaler *maps* oder Repräsentationen durch körperliche Aktivitäten angeregt wird, dürfte allgemein einleuchten. Aber auch darüber hinaus tragen Handlungen zur Erfahrungsbildung bei, die bei der Wahrnehmung als

Hintergrund aktiviert werden. Daher gilt generell das Diktum „no action – no perception" (Buzsáki, 2006, 302). Beides muss neuronal koordiniert werden und verbunden sein. Dies macht Buzsáki an einem Gedankenexperiment deutlich:

> „Stellen Sie sich vor, dass Gehirn und Körper in einem Laboratorium getrennt voneinander heranreifen und erst einige Jahre später wieder vereinigt würden. Das so neu verbundene Hirn-Körper-Wesen wäre unfähig zu gehen, zu sprechen oder sich auch nur an der Nase zu kratzen. […] Der Grund dafür ist, dass die Beziehungen der Bewegungs- oder Empfindungsmuster in dem isoliert herangewachsenen Gehirn nicht zusammengeführt werden können." (Ebd., 220; Übers. WG)

Wenn die neurobiologische Theorie auf diese Weise plausibel machen kann, dass das Denken als internalisierte Repräsentation von Handlungen eng mit Bewegung zusammenhängt, dann müsste das für das Hören und Erkennen, das Lernen und den Aufbau musikalischen Denkens pädagogisch weitreichende Konsequenzen haben, indem das eigene Handeln als Modus des Lernens und Erfahrens planvoll eingesetzt wird. Man hat beobachtet, dass beim Hören von Musik, das mit körperlichen Interaktionen verbunden wird, sich die Wahrnehmung stärker auf die strukturellen Merkmale der zeitlichen Organisation von Klängen richtet und damit der genuin musikalischen Bedeutungsbildung dient, während sprachliche Beschreibungen eher die subjektiv erfahrene Wirkung der Musik betreffen (Fortuna & Nijs, 2020). Wie stark der Körper mit seinen Bewegungen zur musikalischen Vorstellungsbildung beiträgt, haben schon die Studien gezeigt, bei denen Babys von ihren Müttern im Zweier- oder Dreiertakt geschaukelt wurden und die Kinder diese Metren über ihren Körper zu unterscheiden gelernt hatten (Phillips-Silver & Trainor, 2005; Phillips-Silver & Trainor, 2007). Dies hat dazu geführt, dass heute in der Musikpädagogik wieder leibphänomenologische Perspektiven und bewegungsbezogene Ansätze des Musiklernens und -verstehens stärker hervortreten (Gruhn, 2019; Oberhaus & Stange, 2017; Unger-Rudroff, 2020), weil evident ist, wie körperliche Bewegung den Zugang zur Musik erleichtert, und – wie hier gezeigt werden soll – Hören als Handlung der Musik selber bereits eingeschrieben ist.

Diese enge Verbindung von Handeln, Vorstellen (Denken) und Hören erfährt jeder Musiker täglich beim Instrumentalspiel. Denn mit dem Griff eines

Tons auf dem Instrument verbindet sich unmittelbar eine bestimmte Tonvorstellung. Man muss den zu spielenden Ton innerlich voraushören (sich vorstellen, d.h. mental repräsentieren), bevor man ihn als musikalisches Ereignis und nicht bloß als Ergebnis einer mechanischen Hervorbringung spielen kann. Und mit jedem Griff verbindet sich der intendierte Klang. Greifen und Hören verschmelzen, d.h. das Denken eines Tons gebiert den Griff und diese Handlung resultiert in einem realen oder gedachten Klang. Mit der Tätigkeit des Greifens entsteht im Denken ein Klang. Dies konnte auch in Hirn Scans nachgewiesen werden, die zeigen, wie die Hörareale aktiviert werden, wenn eine Versuchsperson eine zuvor am Klavier geübte Melodie auf einer stumm geschalteten Tastatur spielt, also lediglich stumm die Tasten drückt, was aber zugleich eine akustische Wahrnehmung auslöst. (Bangert & Altenmüller, 2003).

Entwicklungspsychologen und Musikpädagogen haben immer wieder auf die Verbindung des gestisch Motorischen mit den kommunikativen Möglichkeiten der Musik hingewiesen. Stephen Malloch und Colwyn Trevarthen erblicken im musikalischen Tun und Erleben bei kleinen Kindern eine Form gestisch bedeutsamer Narration zum Ausdruck und zur Vermittlung expressiver Gehalte mit Hilfe ihrer Körper (Malloch, 1999; Malloch & Trevarthen, 2009, 2018). Dies macht menschliche Musikbeziehung zur *communicative musicality*, die ausgezeichnet ist durch ein natürliches Bedürfnis nach stimmlicher Äußerung, körperlicher Bewegung und klanglicher Interaktion (Malloch & Trevarthen, 2018, 3). Der gestische Gehalt musikalischer Handlungen schließt die kommunikative Funktion des Hörens mit ein, in der die Bewegung eine entscheidende Rolle spielt. *Communicative musicality* bezeichnet dabei die kommunikative Form musikalischen Handelns, das von der körperlichen Bewegung ausgeht. Denn das Selbst einer Person besteht darin, einen Körper zu haben, mit dem wir in die Welt eintreten, um uns darin zu verwirklichen (Merleau-Ponty, 1945/1966). Phänomenologisch betrachtet bilden Körper und Bewegung also erst die Voraussetzung und Bedingung dafür, sich selbst und die ontologische Welt wahrzunehmen. Denn die motorische Aneignung und Ausführung einer Handlung stellt zugleich das Erfassen der Bedeutung einer Handlungsintention dar (Merleau-Ponty, 1966). Im Handeln gewinnt das Gehörte Gestalt und wird als solche erfahrbar und in seiner Wiederholbarkeit konkret fassbar.

Dies ist auch neurophysiologisch plausibel, weil im Hörorgan selber die Verbindung von Hören (cochleares System) und Körperbewusstsein (vestibuläres System) im Gleichgewichtsorgan eng benachbart sind. Das Faserbündel des *nervus vestibulocochlearis* leitet die sensorischen Informationen aus dem Hör- und Gleichgewichtsorgan an die zentralen Verarbeitungsareale im Gehirn weiter. Es liegt also neurophysiologisch nahe, Bewegungssensibilität und Hören als eng aufeinander bezogen zu betrachten.

Einzelne Studien haben diesen Zusammenhang auch empirisch nachgewiesen. So wurde ein Trainingseffekt im motorischen Bereich bei Kindern gefunden, die vor dem Alter von sieben Jahren Instrumentalunterricht erhalten hatten (Penhune, Watanabe et al., 2005). Ebenso konnten signifikante Effekte einer integrierten Bewegungserziehung auf die musikalischen Fähigkeiten bei Vorschulkindern nachgewiesen werden (Brown, Sherrill et al., 1981).

Einen deutlichen Zusammenhang von motorischen und musikalischen Fähigkeiten haben die Freiburger Bewegungsstudien ergeben. In einer Langzeit-Beobachtungsstudie mit Vorschulkindern (1998/99) zeigte sich eine signifikante Korrelation zwischen melodischen und rhythmischen Fähigkeiten und der Körpersensibilität hinsichtlich der Bewegungskoordination und -synchronisation (Gruhn, 2002). Eine empirische Studie, die die motorischen und musikalischen Fähigkeiten mit Hilfe standardisierter Tests (Gordon, 1979; Zimmer & Volkamer, 1984) erfasste, erbrachte ähnliche Ergebnisse; die jeweiligen Prozentränge (PR) der Testergebnisse zeigten eine lineare Korrelation für die Musik- und Bewegungswerte (Abb. 4.2). Je höher der score im Bewegungstest war (MOT 4 – 6), desto höher stiegen die Prozentwerte im Musiktest (*Primary Measures of Music Audiation*; PMMA).

Diesen Zusammenhang musikalischer und motorischer Fertigkeiten bestätigte auch eine Untersuchung, bei der die Muskelaktivität mit Hilfe von Elektromyographie (EMG) gemessen und in Beziehung zu den musikalischen Leistungen im PMMA Test gesetzt wurde (Haußmann, 2012). Von drei Hauptmuskelsträngen im Unterschenkel der Versuchsteilnehmer (Vorschulkinder) wurde bei Gleichgewichtsaufgaben und Schwing- und Sprungübungen die elektrische Spannung bei der Muskelaktivierung über Elektroden abgeleitet. Ein daraus berechneter Quotient (*proprioceptive amplification ratio*, PAR), der sich aus der Muskelspannung im Verhältnis zur Schwankungsweite bei einer Balancieraufgabe ergibt, kann als Indikator der Bewegungssensibilität gelten. Dabei zeigte sich, dass diese bei den Kindern am ausgeprägtesten war, die auch

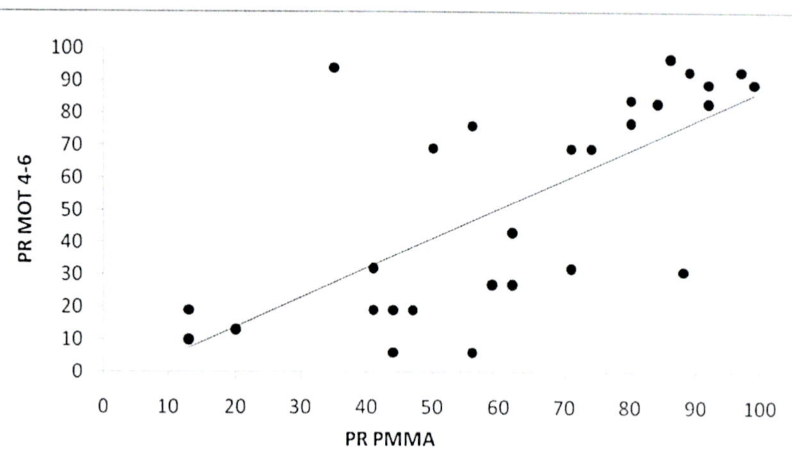

Abb. 4.2: Lineare Korrelation der Prozentränge für den Motoriktest (MOT 4 – 6) und den Musiktest (Primary Measures of Music Audiation, PMMA).

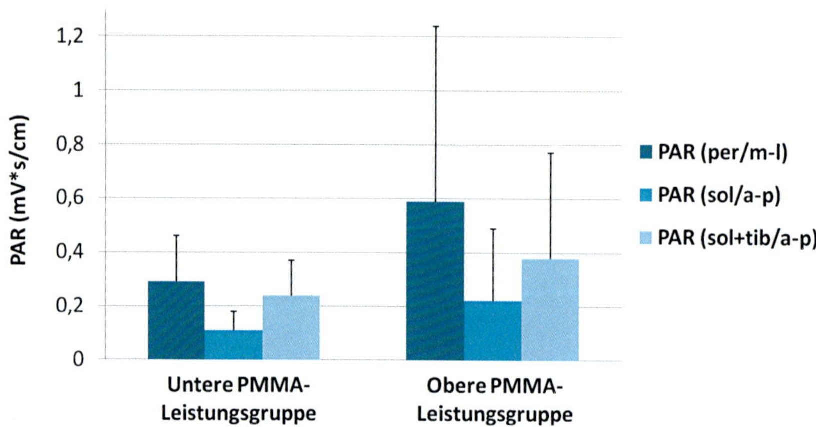

Abb. 4.3: Bewegungsparameter (PAR Quotient in den drei Muskelsträngen peroneus, soleus, tibialis) im Verhältnis zur musikalischen Leistung im PMMA Test. Berücksichtigt wird die Schwankung medial (m) – lateral (l) sowie anterior (a) – posterior (p).

im Musiktest (PMMA) die besseren Werte zeigten (Gruhn, Haußmann et al., 2012) (Abb. 4.3).

Diese Studie belegt erneut, dass die motorischen Parameter in einem engen Zusammenhang mit den musikalischen Fähigkeiten stehen. Dies bedeutet aber noch nicht, dass hier eine kausale Beziehung vorliegt, man daraus also nicht ableiten kann, dass musikalische Fähigkeiten durch motorisches Training gefördert werden – oder umgekehrt. Vielmehr muss man davon ausgehen, dass es sich um eine Interaktion synchroner Entwicklungsvorgänge handelt, dass sich also mit zunehmender Bewegungssensibilität auch die musikalische Sensibilität entwickelt. Dies könnte zudem ein weiterer Beleg dafür sein, dass sich das musikalische Bewusstsein im Körperbewusstsein (Propriozeption) spiegelt und dass musikalisches Wahrnehmen und Denken evolutionsbiologisch aus einer Internalisierung von Bewegung hervorgegangen sind.

Neuere Ansätze in den Kognitionswissenschaften gehen davon aus, dass kognitive Prozesse des Erkennens nicht ohne deren Verankerung im Körper (*embodiment*) denkbar sind, wobei dieser wieder in soziale und kulturelle Kontexte eingebettet ist (siehe Kapitel 4; Varela, Thompson et al.; Rowlands, 2010). Auf dieser Grundlage wird deutlich, dass *embodied cognition* eine elementare Form des Erkennens darstellt und so auch das Hören von Musik als eine innere wie auch äußere Form des Handelns verstanden werden kann.

5. Kapitel

Hören lernen
Am Anfang war das Ohr

Nachdem wir uns mit den Grundlagen der Wahrnehmung, der evolutionären Bedeutung der Bewegung für die Entwicklung des Denkens und den Funktionsweisen des Hörens und Sehens vertraut gemacht haben, können wir uns auf dieser Grundlage den Anfängen menschlicher Hör-Entwicklung von der pränatalen Phase bis in die Kindheit zuwenden und erörtern, wie wir im Verlauf der kindlichen Entwicklung lernen, was und wie wir hören.

Wir haben gesehen, welch wichtige Rolle die Bewegung für die Entwicklung des Denkens und Erkennens hat und wie dies im Akt der Wahrnehmung zum Ausdruck kommt. In diesem Zusammenhang kann Hören als Handlung durch Bewegung beschrieben und gedeutet werden. Bewegung ist dabei dem Körper des Lernenden inhärent. Der Körper ist Bewegendes und Bewegtes, ist zugleich empfangend und handelnd.

Wie Kinder Musik erleben

Wenn wir hier das Ohr an den Anfang unserer neurophysiologischen Überlegungen stellen, so folgen wir der evolutionsbiologischen Entwicklung, die das Gehör als das am frühesten voll ausgebildete und funktionsfähige Organ beschreibt. Bereits ab der 20. Schwangerschaftswoche reagiert der Fötus auf akustische Veränderungen durch Bewegung und eine Änderung der Herzfrequenz. Das erste, was der Fötus hört, sind dabei die internen Geräusche im Mutterleib: der Herzschlag, der Blutkreislauf und die Verdauungsgeräusche der Mutter. Ab der 28. Woche ist die Schallleitung im Innenohr anatomisch so weit entwickelt, dass er von außen kommende Klänge und Rhythmen hören kann. Dabei werden die Schallereignisse allerdings, sofern sie nicht von der Mutter stammen und über die Knochenleitung verstärkt werden, durch das Fruchtwasser und die Bauchdecke der Mutter gedämpft, die die höheren Frequenzen unterdrücken und dadurch wie ein *Low-Pass Filter* wirken (Parncutt, 2006). Die weitere Entwicklung der zentralen Hörbahn setzt sich dann im ersten Lebensjahr fort (Hinrichsen 1993, 513).

Wichtig erscheint in diesem Zusammenhang der Hinweis, dass im Mittelohr das cochleare System, das auf akustische Reize reagiert und für das Hören zuständig ist, und das vestibuläre System, das das Gleichgewichtsorgan beinhaltet und die Orientierung der Körperbewegung im Raum (Propriozeption) kontrolliert, physiologisch miteinander verbunden sind und sich gleichzeitig entwickeln (Hinrichsen, 1993; Parncutt, 2009). Colwyn Trevarthen hat beobachtet, wie deutlich Säuglinge auf die kommunikative Bedeutung der motorischen und lautlichen Gesten der Mutter achten und diese „verstehen" und darauf reagieren (Malloch & Trevarthen, 2018; Trevarthen, 2008). Die enge Verbindung der Propriozeption mit dem Hören dürfte daher auch Einfluss haben auf die spätere Entwicklung musikalischer Fähigkeiten (Parncutt, 2009). Denn alle musikalischen Aktivitäten sind von Natur aus körperbezogen – „all musical action and interaction is intrinsically corporal" (Parncutt, 2018, 481). Es ist daher naheliegend zu vermuten, dass eine frühzeitige Entwicklung der körperlich motorischen Fähigkeiten mit der Ausreifung der musikalischen Fähigkeit Hand in Hand zusammengeht.

Daher spielen in der musikalischen Umgebung von Säuglingen und Kleinkindern Bewegungen, die die musikalischen (meist vokalen) Äußerungen begleiten, um deren kommunikative Funktion zu verstärken und das Verstehen musikalischer Gesten zu fördern, eine wichtige Rolle, weil sie dem kindlichen Erleben von Musik als Handlung durch Bewegung entsprechen. Dies wird in einem Experiment von Jeanne Bamberger deutlich. Sie forderte Grundschulkinder ohne musikalische Vorbildung auf, einen gemeinsam erarbeiteten Rhythmus (NB) graphisch zu notieren und danach den gewählten Symbolen Zahlen

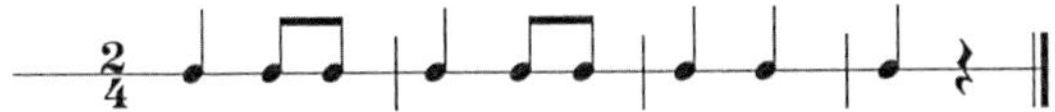

hinzuzufügen (Bamberger, 1991). Einige Beispiele daraus zeigt Abb. 5.1 in schematischer Darstellung.

In den Lösungen, die die Kinder gefunden haben, zeigt sich ganz deutlich, dass die Zahlen keine *Ordnungs*zahlen (Ausnahme: mittleres Beispiel), sondern viel eher *Ladungs*zahlen bedeuten, die das *Gewicht* der einzelnen Klänge angeben. Das dritte Beispiel (5.1 c) verdeutlicht dies sehr anschaulich: die Größe der Symbole verweist auf leichte und schwere Schläge, während die Zahlen zusätzlich eine interne Differenzierung von schwer – leichter – leicht (3 – 2 – 1) andeuten. Unmissverständlich ist dies im ersten Beispiel (5.1 a), das mit den Ziffern 5 und 0 auf ein starkes Gewichtsgefälle verweist.

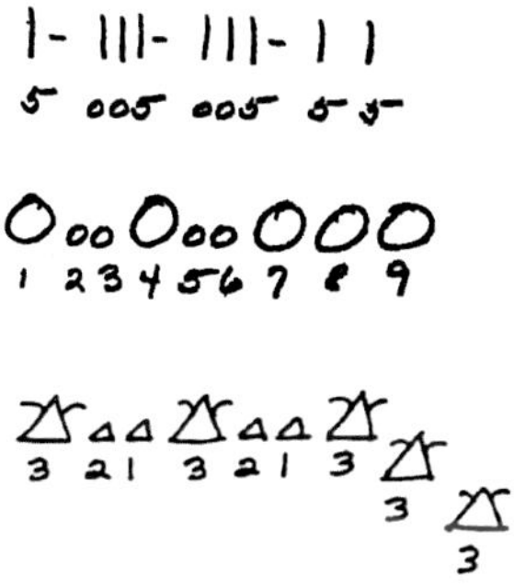

Abb. 5.1: Kindernotate eines Rhythmus mit graphischen Symbolen und Zahlen (nach Bamberger, 1991).

Hier zeigt sich, dass Kinder einen Rhythmus noch anders erleben als Erwachsene, die bereits mit der Norm der rhythmischen Standard-Notation vertraut sind und die Konvention kennen, dass die (Noten)Zeichen den metrischen Wert (= Dauer bis zum nächsten Ereignis) angeben. Kinder erleben demgegenüber vielmehr den Fluss der rhythmischen Ereignisse, die sie unmittelbar auf die vorangegangenen Ereignisse beziehen. Sie fassen daher das Motiv aus zwei Achteln und einer Viertel musikalisch zu einer Dreiergruppe zusammen. Innerhalb der Gruppen wird dann nach dem erlebten Gewicht der einzelnen Schläge unterschieden. Mit zunehmendem Alter und Wissen verschiebt sich dann die Aufmerksamkeit von dem erlebten Gewicht hin zum metrischen Wert (der Dauer) der einzelnen Ereignisse. Dies wird auch im zweiten Beispiel (5.1 b) deutlich, bei dem die Ziffern den Fluss der aufeinanderfolgenden Schläge angeben, während die Größe der graphischen Zeichen (große und kleine Kreise) das Gewicht verdeutlicht.

Es ist somit festzuhalten, dass sich die Vorstellungswelt von Kindern, die sich noch nicht auf Messen und Zählen verstehen, primär an körperlichen Qualitäten wie Fluss und Gewicht eines musikalischen Geschehens orientiert, das sie auf diese Weise dann sehr differenziert wahrnehmen können. Der Tanzpädagoge Rudolf von Laban hat dies in seiner Bewegungslehre systematisch ausgearbeitet (Laban, 1988). Im Hinblick auf die Möglichkeiten kleiner Kinder stellen wir hier die Erlebnisweise in vereinfachter Form dar (Abb. 5.2).

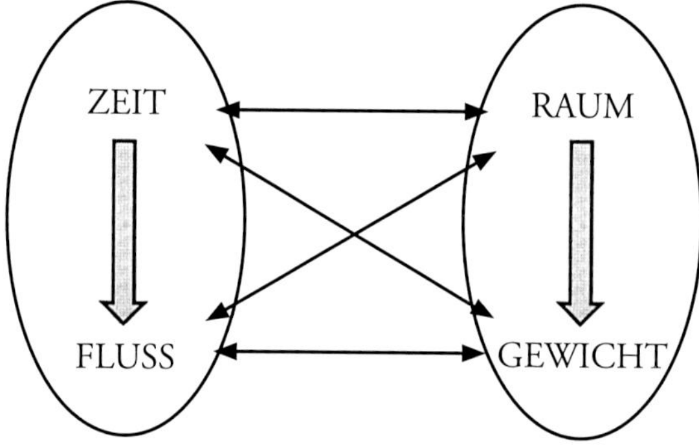

Abb. 5.2: Die musikalische Erlebnisweise von Raum und Zeit durch Fluss und Gewicht.

Kleinkinder können Raum und Zeit noch nicht als abstrakte Größen rational erfassen, sondern sie erproben und erfahren das Gewicht ihres Körpers und seiner Gliedmaßen; und sie verinnerlichen den zeitlichen Ablauf einer Melodie oder eines Rhythmus im Fluss der zusammenhängenden Bewegungseinheiten. Auf diese Weise wird das musikalische Geschehen verkörpert (*embodied*), wobei der Körper als Medium der Erfahrung dient. Erst wenn eine melodische Phrase oder ein rhythmischer Ablauf körperlich erfasst und dargestellt werden kann, können sich die mentalen Repräsentationen bilden, die dann im musikalischen

Bewusstsein Wahrnehmung und Erkennen ermöglichen. Was nicht zuvor körperlich angeeignet wurde, kann im Hörbewusstsein nicht verarbeitet und gespeichert, kann damit auch nicht gedacht und erkannt werden. Das Tun geht hier dem Denken voraus – oder genauer: das Denken folgt dem Tun.

Jeanne Bamberger hat daher das Hören als eine Art sinngebender Gestaltung („*performance […] of active sense making*") bezeichnet, bei der ein festes Referenzsystem erworben wird, in das die einzelnen momentan wahrgenommenen musikalischen Phänomene eingeordnet und dann auch klassifiziert und benannt werden können („*construction of outside fixed reference systems*"; Bamberger, 2013, 46). Nach der Art dieser mentalen Konstruktionen unterscheidet sie dann diejenigen, die sich am Verlauf der Musik von Moment zu Moment orientieren (*path maker*), von denen, die ein eher abstraktes Gesamtbild generieren, das sie in der Vorstellung überschauen (*map maker*) (Bamberger, 2013, 53–60). Das kann man sich am Orientierungsverhalten von Menschen in einer Stadt veranschaulichen. Der *path maker* wird sich einen konkreten Weg, den er einmal gegangen ist, einprägen, während sich der *map maker* an einem Stadtplan orientiert, der alle Wege in ihrem Verhältnis zueinander präsentiert.

Musikalisch unterscheiden sich diese Typen im Verhalten, wie sie auf einen Fehler bei einem Musikstück reagieren. Der *path maker* wird beim Verspielen wieder zum Anfang oder zu einem zurückliegenden Abschnitt zurückgehen, um mit neuem Anlauf den „richtigen" Weg (*path*) zu finden, während der *map maker* im Idealfall immer weiß, wo er sich innerhalb des Bauplans eines Stückes befindet, und so seinen Weg zurück in die richtige Bahn finden. Bezogen auf das Bild mit dem Stadtplan bedeutet dies: Der *path maker* folgt einem bestimmten Weg, der entlang markanter Orientierungspunkte verläuft. Wenn er vom Weg abkommt, muss er zurückgehen bis zu dem Punkt, wo ihm die Gegend wieder vertraut ist. Der *map maker* stellt sich dagegen den Gesamtplan vor. Ist ein geplanter Weg wegen einer Baustelle oder einer anderen Behinderung versperrt, kann er aufgrund seines Wissens um die gesamte Topographie eine alternative Wegführung finden. Aber beide müssen den Weg tatsächlich gehen, um sich die Wegmarken und die reale Topographie vorstellen und den Weg im Denken vollziehen zu können.

Embodiment

In jüngster Zeit spielt daher die Idee der *embodied cognition* in Psychologie und Erkenntnistheorie eine herausragende Rolle (Fingerhut, Hufendiek et al., 2013; Koch, 2013; Shapiro, 2011; Wilson, 2002), häufig synonym verwendet mit dem Begriff der Verkörperung – Begriffe, die auch in die musikpädagogischen Diskussion Eingang gefunden haben (Berg, 2017; Oberhaus, 2006; Oberhaus & Stange, 2017; Stange, 2018). Dahinter steht die triviale Erkenntnis, dass Musik beim Spielen und Hervorbringen immer eng mit dem Körper und körperlichen Aktionen verbunden ist. Körperlich gestische Handlungen werden dabei unmittelbar in den Erkenntnisprozess einbezogen.

Die Philosophie des Geistes (*Philosophy of Mind*) geht von der Tatsache aus, dass Erkenntnis eben nicht nur eine Angelegenheit des Kopfes, also neuronaler Prozesse im Gehirn ist, sondern dass der Körper wesentlich selber an Erkenntnisprozessen beteiligt ist. „Musikalische Wahrnehmung und Kognition gehen vom Körper aus und spiegeln sich gleichermaßen in dessen Bewegungsspektrum wider" (Berg, 2018). Die These ist hierbei, dass auch die musikalische Wahrnehmung von Natur aus an Handlung gebunden ist: „cognition […] inherently involves perception and action" (Wilson, 2002, 626).

Mit dieser Sicht auf Wahrnehmung als Handlung verlassen wir aber die bloß mimetische Umsetzung musikalischer Verläufe ebenso wie die vordergründig aktionistische Betätigung mancher handlungsorientierten Konzepte. Vielmehr beziehe ich mich hier auf die praxiale Philosophie der Musikerziehung, wie sie von Donald Schön (Schön, 1983) und David Elliott (Elliott, 1995) entwickelt worden ist. Sie hat ihre Wurzeln in der Handlungsforschung (Miller, Galanter et al., 1973), die das Denken als eine planende Ordnungskategorie im Prozess des Handelns ansah (Aebli, 1980).

David Elliott geht davon aus, dass im musikalischen Handeln, d.h. im Spielen der Musik immer auch ein immanent musikalisches Denken eingeschlossen ist, aber nicht als ein Denken über, sondern als ein Denken *in* Musik. Die Ausführung der Musik repräsentiert ein genuin musikalisches Denken. Daher stellt er fest, dass „a person's performance of a given composition is a robust representation of his or her musical understanding" (Elliott, 1995, 59). Damit greift er einen Gedanken von Donald Schön auf, der zwischen einer *reflection-on-action* und einer *reflection-in-action* unterscheidet, wobei letztere das Tun selber als eine Form gedanklicher Reflexion im Medium der Musik bestimmt und somit eine genuin musikalische Tätigkeit des Erkennens (*cognition*) bedeutet. "Actions are nonverbal forms of thinking and knowing in and of themselves. [...] performers think nonverbally *in* action, reflect-in-action, and know-in-action" (Elliott, 1995, 55/6).

Was für die musikalische Ausübung – das Spielen von Musik – festzustellen ist, gilt grundsätzlich aber auch für die Wahrnehmung, das Hören von Musik. Auch das wache, aufmerksame Hören aktiviert das genuin musikalische Denken und Wissen und ist daher als eine körperliche Form der aktiven Einholung („Einkörperung") in die eigene Erfahrung zu werten.

Für das musikalische Lernen hat dies unmittelbare Konsequenzen. Das, was dem Lernenden als tonale Struktur oder rhythmisches Phänomen gegenübertritt, muss beim Hören erst körperlich durch Gestik und Bewegung ausgeführt werden, um als eine distinkte musikalische Gestalt erfahren und erkannt zu werden. Erst in dem Moment, wo ein Kind z. B. bei einer fallenden Quinte genau auf den Grundton mit den Händen auf den Boden patscht, vollzieht es körperlich die Geste der Dominante-Tonika-Spannung, die dann auch benannt (z.B. mit Solmisationssilben als so – do) und als Struktur (Kadenz) erkannt werden kann, weil diese Struktur als körperliche Geste mental gespeichert wird und zu einer internen Repräsentation dieses Sachverhalts (kadenzieller Quintfall) führt, ohne dass dafür ein theoretischer Begriff (Kadenz, Tonika, Dominante) benutzt werden muss. Vielmehr erfährt das lernende Kind in der Armbewegung den Spannungsabfall des Gewichts zwischen den beiden Tönen. In ähnlicher Weise kann es das Phänomen des Auftakts nur in der Erfahrung z.B. eines gezielten Sprungs auf eine gedachte Eins hin erfassen. Wissen um musikalische Elemente kann erst benannt werden, wenn es zuvor körperlich erfahren und ausgeführt wurde.

Ich spreche in solchen Fällen von genuin musikalischen Vorgängen oder Vorstellungen, die als klar umrissene Struktur oder „Figur" mental erfasst und gespeichert und dann beim Hören wieder aktiviert werden können. Sie entstehen aber erst auf der Grundlage der körperbezogenen Aneignung. Der Quintfall als Modell wird auf diese Weise körperlich erfahren. *Embodied cognition* meint diesen Akt der mentalen Aufnahme und Speicherung eines bestimmten klanglichen Geschehens, das sonst nur als diffuser Reiz oder emotional getönte Reaktion im unspezifischen Erleben versinkt.

Embodiment des Klangs

Varela, Thompson und Rosch haben die Farbwahrnehmung als Beispiel des *embodiment* beschrieben, weil die organische Reizung der Zapfen in der Retina, also bestimmte Eigenschaften des Nervensystems zu den verschiedenen Farbempfindungen führen, die nicht mit den entsprechenden Eigenschaften der äußeren Umwelt korrespondieren (Varela, Thompson et al., 1991b, 157 ff.). Analog dazu könnte man auch von einer verkörperlichten Wahrnehmung des Klangs sprechen. Damit betreten wir das Gebiet der Psychoakustik, die das Verhältnis der objektiven physikalischen Daten eines Schallreizes zu dem subjektiv wahrgenommenen Eindruck untersucht. Wenn man bestimmte Klänge oder Klangregister als hart oder weich, schwer oder leicht, scharf oder stumpf, hoch oder tief etc. empfindet, macht dies deutlich, dass man mit dem Klang eine räumliche oder körperliche Erfahrung assoziiert, die sich von körperlichen Handlungen des Befühlens und Anfassens bei der Bestimmung von Objektqualitäten leiten lässt. In der physikalischen Wirklichkeit gibt es jedoch keine runden oder spitzen, schweren oder leichten Frequenzen, aber sie werden so erlebt, weil die akustischen Parameter des Schalldrucks und der Schwingungsstärke eben diese Bewegungsmomente evozieren, obwohl keine physikalischen Analogien zwischen Anzahl und Stärke der Schwingungsfrequenzen zu der wahrgenommenen Körperlichkeit der Klänge bestehen. Insbesondere im kindlichen Erleben der haptischen Qualität des Fließens oder des Gewichts oder Volumens der Klänge hat sich die ursprüngliche Körperlichkeit der Empfindung bei der musikalischen Wahrnehmung erhalten.

Hinsichtlich eines solcherart erweiterten Konzepts von *embodiment* ist jedoch einschränkend anzumerken, dass hier nicht wirkliche Körperfunktionen aktiviert und Klänge nicht körperlich repräsentiert werden, sondern dass es sich um vorstellungsmäßige Analogien der Wahrnehmung handelt. Um jedoch *etwas als etwas* erkennen zu können, muss man den kargen Sinnesdaten der akustischen Wahrnehmung eigene körperliche Erfahrungen hinzufügen, muss also zuvor erworbenes sensomotorisches Wissen aktivieren (Shapiro, 2011, 164 ff.). Man kann also feststellen, dass die Wahrnehmungsfähigkeit mehr ist als die Verarbeitung einzelner akustischer Reize, dass sie vielmehr auf Erfahrungen zurückgreift, die auf sensomotorischer Grundlage erworben wurden und diese Dimension in das Hören einbringen.

Auf diese Weise kann *embodied cognition* in einen unmittelbaren Zusammenhang mit den evolutionsbiologischen Erkenntnissen gestellt werden, wonach das Denken (d.h. die mentale Kognition) aus dem Handeln hervorgegangen ist und daher das Handeln als eine Form, aber keine Vor-Form, sondern als eine eigenständige, genuin musikalische Denk- und Erkenntnisweise anzusehen und pädagogisch nutzbar zu machen ist.

Gestik und Sonifikation

Damit kann das weite Feld der Gestik für die pädagogische Bildung des Gehörs und des Musizierens nutzbar gemacht werden (Berg, 2018; Godoy & Leman, 2010; Gritten & King, 2006; Gruhn, 2014b; Wöllner, 2018). Denn schon in der einfachsten Spielgestik eines lauten Paukentons macht die Größe des Wegs der Armbewegung und die Kraft des Schlags die Dynamik des Tons bereits in der körperlichen Aktion erfahrbar. Was laut oder leise, hoch oder tief, kraftvoll oder schwach klingen soll, ist bereits in der Gestik der Ausführung angelegt. Jeder mit einem Blasinstrument erzeugte Ton erfordert je nach vorgestelltem Klang eine bestimmte Luftmenge und Muskelspannung. Um einen bestimmten Klang hervorzubringen, müssen Finger- und Atembewegungen koordiniert werden. So können auch Phrasierung und Agogik im körperlichen Bewegungsfluss erfahren und dargestellt werden.

Neue technische Möglichkeiten der elektronischen Transformation von Bewegung in Klang geben der Sonifikation eine neue pädagogische Bedeutung, bei der es sich um die Verklanglichung physikalischer Daten handelt. In der speziellen Form der Bewegungssonifikation werden Daten, die aus motorischen Aktionen gewonnen wurden, in Klang umgesetzt. Dies kommt in der Performanzforschung, beim Bewegungslernen im Sport und in der Rehabilitation wie in der Gestenforschung zur Anwendung (Hohagen & Wöllner, 2019). So können Bewegungsabläufe mittels einer berührungsempfindlichen Klangmatte oder in einem elektromagnetischen Feld in Echtzeit in Klang umgesetzt, Bewegung so verklanglicht werden (Vickers, Hogg et al., 2018). Auf diese Weise wird eine körperliche Handlung mit einer unmittelbaren auditiven Rückmeldung verknüpft (Audiofeedback).

Dieses Prinzip lag bereits dem 1920 von dem Russen Lew Termen (in den USA: Leon Theremin) erfundenen Instrument zugrunde, bei dem ein elektromagnetisches Feld erzeugt wird, in dem die Veränderung der Stellung der Hände im Bereich von zwei Elektroden (Antennen) den Klang ansteuert und diesen nach Tonhöhe und Lautstärke moduliert. Das Theremin wird vollkommen berührungsfrei gespielt, wobei mit einer Hand die Tonhöhe, mit der anderen die Lautstärke verändert wird.

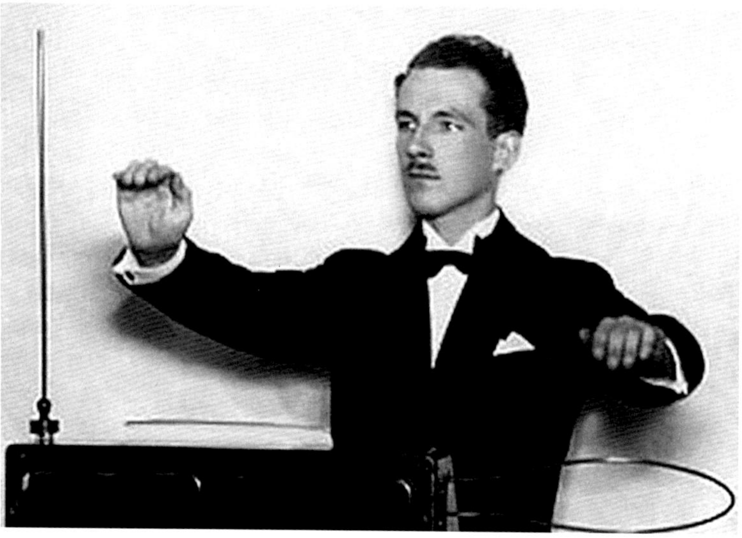

Abb. 5.3: Leon Theremin mit seinem Instrument.

Verfahren der Bewegungssonifikation erlauben es, körperliche Bewegungen ohne ein mechanisches Instrument als Modulator in Klang umzusetzen, also Bewegung unmittelbar als Klang erlebbar zu machen. Die Möglichkeit der Verklanglichung einfacher Bewegungen (auf – ab, vor – zurück, hin – her) erhält damit auch eine musikpädagogische und musiktherapeutische Bedeutung; sie kann z.B. in der Heilpädagogik bei eingeschränkter Feinmotorik eingesetzt werden, um elementare musikalische Strukturen durch Bewegung hörbar zu machen und derartige Hörerfahrungen als Bewegungserlebnisse zu vermitteln.

6. Kapitel

Warum wir hören, wie wir hören
Neurophysiologische Aspekte der Klangwahrnehmung

Neuroanatomische Grundlagen der Klangwahrnehmung

Wir haben bisher gesehen, dass das Hören von Musik, aber auch das Hören im Allgemeinen einen aktiven Vorgang der Bedeutungszuschreibung auslöst, der in enger Anbindung an körperliche Bewegungen zustande kommt. Im Folgenden wollen wir nun untersuchen, inwieweit physiologische Bedingungen – also morphologische und neuroanatomische Grundlagen – dafür maßgeblich sind, dass wir hören, wie und was wir hören. Hier haben neuere Forschungsergebnisse interessante Einblicke in die psychoakustischen und neurophysiologischen Grundlagen der Klangwahrnehmung gegeben.

Nehmen wir einmal an, ein 6-jähriges Kind bekommt Klavierunterricht, weil die Eltern dies angeregt haben. Schon bald wird klar, dass ihm das Klavierspielen wenig Freude macht, auch wenn das Kind täglich zum Üben angehalten wird. Man überlegt, ob es an dem Lehrer liegen könnte, der zwar tüchtig ist, aber zu dem das Kind kein persönliches Verhältnis aufbauen kann. Man beschließt daher, einen Lehrerwechsel vorzunehmen, jedoch ohne den erwarteten Erfolg. Später hört das Kind in einem Konzert jemand Geige spielen und möchte nun auch Geige lernen. Die Eltern sind skeptisch, weil sie vermuten, dass dies nur ein Versuch sein könnte, den ungeliebten Klavierunterricht aufzugeben. Nach einiger Zeit willigen sie aber ein, und das Kind entdeckt die Geige als sein Instrument, bleibt auch dabei und wird später Berufsmusiker in einem Orchester.

Was ist hier vorgegangen? Sind es nur psychologische Momente der Lehrer-Schüler-Beziehung? Sind es kindliche Zufälligkeiten, die es an die Geige führten, oder könnten dafür auch andere Dispositionen in Betracht kommen? Neuere Untersuchungen zum Hören haben ein Phänomen ans Licht gebracht, das schon der Physiologe Hermann von Helmholtz im Ansatz beschrieben hat, dass Menschen nämlich Klänge unterschiedlich wahrnehmen, je nachdem ob sie diese als komplexe Einheit erleben (synthetische Wahrnehmung) oder ob die Klangwahrnehmung eher auf die Zusammensetzung der Obertöne gerichtet ist (analytische Wahrnehmung) (Helmholtz, 1863, Repr. 2003).

Neue Hörtests haben diese Vermutung empirisch bestätigt (Schneider & Bleeck, 2005). Dabei geht es darum, die Hörfähigkeit der Grundfrequenz festzustellen, selbst wenn diese in einem bestimmten Obertonspektrum gar nicht enthalten ist (Phänomen der Residualtöne). Dazu werden die Hörreize der Testaufgaben so zusammengesetzt, wie sie charakteristisch für Instrumentalklänge und Sprachlaute sind. Bei den Tonpaaren der einzelnen Testaufgaben bleibt der oberste Oberton gleich, während die darunter liegenden Partialtöne aber zu verschiedenen Grundfrequenzen gehören, die selber physikalisch aber in den vorgespielten Tönen nicht enthalten sind. Dadurch ergibt sich eine gegenläufige Verschiebung der ausgewählten Obertongruppen sowie der virtuellen Grundfrequenzen (Abb. 6.1).

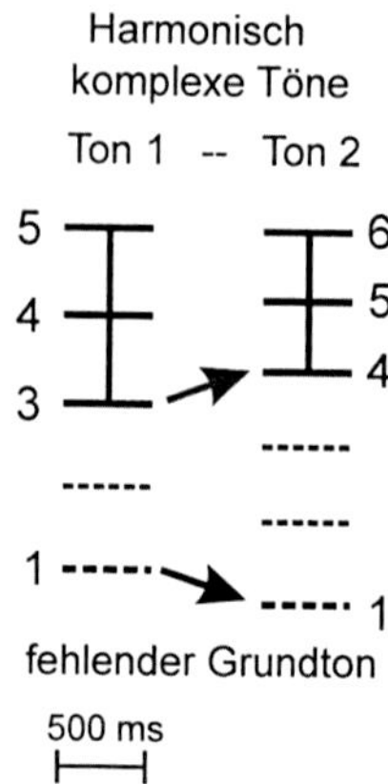

Abb. 6.1: Hörreize (Intervallpaare) mit gegeneinander verschobenen Obertonspektren im Test zur Oberton- und Grundtonwahrnehmung von Schneider & Bleeck, 2005).

Die Testpersonen sollten nun angeben, ob der zweite Ton eines Paars höher oder tiefer war. Je nachdem, ob die Wahrnehmung sich auf die fehlende Grundfrequenz (*missing fundamental;* unterer Pfeil) oder das Obertonspektrum (oberer Pfeil) richtete, nahmen sie den zweiten Ton als höher oder tiefer wahr. So konnten zwei Idealtypen der Hörorientierung unterschieden werden: ein grundtonbezogener *holistischer Hörer*, der den Klang als ganzen gemäß seiner Tönhöhe und Klangfarbe wahrnimmt, und ein am Obertonspektrum ausgerichteter *spektraler Hörer*. Auf Grund der Anteile der Orientierung bei den insgesamt 162 Tonpaaren des Tests konnten deutlich dominant holistische, dominant spektrale Hörer und eine Mischform bestimmt werden. Die Oberton- und Grundtonhörfähigkeit variiert durchaus auch mit der Frequenzlage. Manche Hörer sind bei hohen Frequenzen Grundtonhörer und bei tiefen Frequenzen Obertonhörer, andere genau umgekehrt. Zusätzlich kann für jede Versuchsperson ein Hörindex der Klangwahrnehmung berechnet, der zwischen –1 (= nur Grundton-bezogene Wahrnehmung) und +1 (nur Oberton-orientiertes Hören) liegt.

Interessanterweise zeigten sich bei weiteren neurophysiologischen Untersuchungen, dass die Hörweisen mit strukturellen morphologischen und funktionalen Merkmalen im Hörkortex (Heschl's gyrus) korrelieren, und zwar zeichnen sich holistische Hörer durch mehr graue Substanz und verstärkte Aktivität in der linken Heschl-Windung aus, während spektrale Hörer einen größeren rechten Heschl Gyrus aufweisen. Gleichzeitig lässt sich die Dominanz des rechten oder linken Hörkortex bestimmten Modi der Klangverarbeitung zuordnen, nämlich links einer schnellen zeitlichen Verarbeitung (Rhythmik) und rechts der Verarbeitung klangfarblicher Strukturen bei Klängen mit längerem Einschwingvorgang. Diese Präferenz für bestimmte Klangtypen führt dann auch zur Bevorzugung bestimmter Instrumentalklänge. Holistische Hörer bevorzugen perkussive Instrumente mit deutlicher Tonakzentuierung (alle Instrumente mit gezupfter und geschlagener Tonerzeugung wie Klavier, Gitarre, aber auch Trompete, Flöte), während spektrale Hörer obertonreiche Melodieinstrumente mit langsamerer Einschwingzeit wie tiefe Holzbläser, Streicher und alle obertonreichen Instrumente vorziehen (Gruhn, Hofmann et al., 2012; Schneider & Wengenroth, 2009).

Es liegt also durchaus nahe, im eingangs erwähnten Beispiel des Klavierschülers keine Laune, sondern eine neuroanatomische Veranlagung als mögliche Ursache für den Instrumentenwechsel anzunehmen. Denn es ist auffällig, wie sich die Musiker eines Orchesters entsprechend ihrer Hörorientierung nach ihren jeweiligen Instrumenten gruppieren lassen (vgl. Gruhn, Hofmann et al. 2012, 6), d.h. gleiche Hörorientierung tendiert zu gleicher Instrumentenwahl, was sich dann in den gleichen Hörtypen in den Instrumentalgruppen des Orchester spiegelt. Es leuchtet dabei durchaus ein, dass sich die strukturellen physiologischen und funktionalen Bedingungen des primären Hörkortex (Heschl Gyrus) auch auf das praktische Musikerleben und Musizieren auswirken.

In einer umfangreichen 12-jährigen Studie zur Audio- und Neuroplastizität des musikalischen Lernens bei musizierenden Kindern (JeKi-Studie 2009 – 2021) wurden diese Zusammenhänge in einer Langzeitstudie mit 220 Kindern vom Grundschulalter bis zum jungen Erwacjsenenalter emprisch untersucht (Schneider & Seither-Preisler, 2015). Dabei konnte nachgewiesen werden,

> „[...] dass es im Gehirn zuverlässige neuroanatomische Marker für musikalische Begabung gibt (makroskopisch ermittelte Größe und Form bestimmter Areale des Hörkortex), welche ihrerseits Einfluss auf das musikalische Lernverhalten nehmen. Solche morphologischen Merkmale (...) liegen bereits vor dem Beginn des formalen Unterrichts vor. Aufgrund von Regressionsanalysen der Verlaufsdaten hat sich weiter bestätigt, dass die musikalische Übemotivation primär eine Funktion solcher neuroanatomischer Dispositionen ist, welche sich über den bisher beobachteten Entwicklungsverlauf (Grundschulalter bis zum Beginn der Pubertät) als äußerst stabil erwiesen haben.“ (Schneider, Engelmann et al., 2016, 78)

Insbesondere bei lernauffälligen Kindern, die an einer Aufmerksamkeitsstörung oder Hyperaktivität litten (ADHS) oder eine Lese-Rechtschreibschwäche (LRS) aufwiesen, zeigten sich auch neurokognitive Auffälligkeiten (Serrallach, Groß et al., 2016). Während bei viel musizierenden Kindern der rechte und linke Hörkortex synchron zusammenarbeiten, tritt bei lernauffälligen Kindern eine z.T. deutliche Zeitverschiebung zwischen beiden Hirnhälften auf, die sich in den verschobenen Aktivierungsmaxima niederschlägt (Abb. 6.2 und 6.3). Erstaunlicherweise mindert sich diese Asymmetrie durch intensives Üben und führt über die Zeit zu einer signifikant verbesserten Synchronisation beider Gehirnhälften (Seither-Preisler, Parncutt et al., 2014; Schneider, Benner et al., 2018; Schneider, Engelmann et al., 2016).

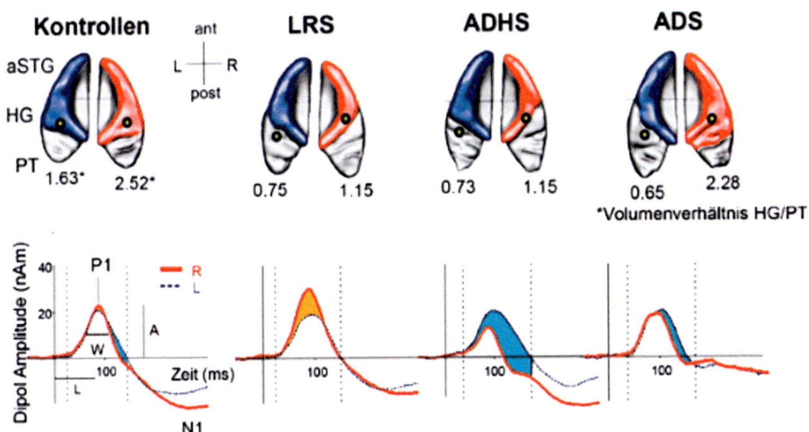

Abb. 6.2: Hörkortizes der Gruppen Lese-Rechtschreibschwäche (LRS), Attention Deficit and Hyperactivity Syndrome (ADHS) und Attention Deficit Syndrome (ADS) mit den dazugehörigen zeitlichen Verschiebungen (rechts: rot; links: blau).

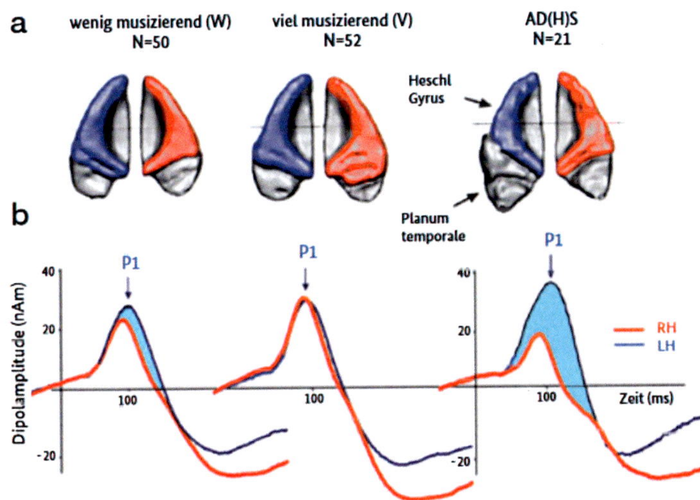

Abb. 6.3: Die Rechtsverschiebung der Aktivierungskurve für die linke Hemisphäre verweist auf eine asynchrone Verarbeitung im rechten und linken Hör-Kortex bei wenig musizierenden Kindern und deutlich stärker bei denen mit ADHS. Die beste Synchronizität (identischen Kurvenverlauf) erreichen die viel musizierenden Kinder.

Insgesamt ist also von einem unmittelbaren Zusammenhang zwischen neuroanatomischen und funktionalen Merkmalen der individuellen Klangwahrnehmung auszugehen. Die Asymmetrie des Volumens an grauer Substanz wie der Dominanz der rechten oder linken Hör-Areale bei der Klangverarbeitung schlagen sich unmittelbar in der Art der subjektiven Hörweise und Hörpräferenz nieder.

Individuelle Differenzen der Klangwahrnehmung

Die Art, wie isolierte Klänge wahrgenommen werden, unterscheidet sich natürlich vom komplexen Hörvorgang beim Musikhören. Denn dieser umfasst viel mehr als nur die neuroanatomisch determinierte Art der Klangwahrnehmung, sondern schließt die allgemeinen Lebensbezüge zu der gehörten Musik, die sozial und kulturell damit verbundenen Erfahrungen sowie die persönlichen Aspekte der individuellen Bedeutsamkeit ein. Darauf hat in jüngerer Zeit insbesondere die Erkenntnistheorie der *philosophy of mind* hingewiesen, die mit der *4 E cognition* gerade diese Bezüge zur Körperlichkeit und Lebenswirklichkeit herausgestellt hat. Die vier E bedeuten dabei, dass jede kognitive Erfahrung nicht nur einen neuronalen Zustand widerspiegelt, sondern immer zugleich *embodied* (d.h. körperlich bedingt und vermittelt), *embedded* (d.h. eingebunden in einen größeren Kontext), *enactive* (d.h. prozessual an Handlung gebunden) sowie *extended* (d.h. über sich hinausweisend) ist (Rowlands, 2010; Schyff, Schiavio et al., 2018).

Dennoch ist es nicht nutzlos, sich über die Grundlagen der reinen Klangwahrnehmung Klarheit zu verschaffen. Denn hier liegen die Wurzeln der Wahrnehmung, wie wir das hören und erleben, was wir hören, d.h. welche Aspekte des Klangs bei der Wahrnehmung im Vordergrund stehen und als angenehm empfunden oder abgelehnt werden. Das kann dann nicht nur einzelne Instrumentalklänge, sondern auch Gattungen und Genres betreffen. Denn Schneider und Wengenroth (2009, 322) fanden heraus, dass hörphysiologische Klangpräferenzen sich auch in stilistischen Präferenzen der Interpretation niederschlagen können.

Und ein weiterer Aspekt wäre zu bedenken. Wenn es neuroanatomische Grundlagen für die Präferenz von Klängen und deren neurokognitiver Verarbeitung gibt, die die Art der klanglichen Wahrnehmung bedingen, dann muss das auch für das musikalische Lernen, Erleben und Hören von Belang sein. Denn hier zeigt sich erneut, dass der hörende Umgang mit Klängen – sei es nun Musik oder ein anderes Schallereignis – wesentlich bestimmt wird durch die physiologischen Voraussetzungen im Hörorgan, die Klangwahrnehmung also eingebettet ist in die physiologischen Voraussetzungen des Hörkortex. Eine neurophysiologische Bestimmung des Hörens trägt diesem Sachverhalt insofern Rechnung, als die individuellen Voraussetzungen der Klangwahrnehmung nicht nur zur Kenntnis genommen, sondern auch in die pädagogischen Vermittlungsstrategien so integriert werden, damit hörendes Lernen und Hörenlernen als Bestandteil körperlicher Bewegung eingeübt werden können. Und wenn es zutrifft, dass sich der Lernerfolg und das Ausmaß der Neuroplastizität proportional zum veranlagten Potenzial verhalten, dann hätten pädagogische Bemühungen tatsächlich viel stärker von der Stärkung der vorhandenen Potenziale auszugehen (Schneider, Engelmann et al., 2016, 80). Allerdings darf dies nicht auf Kosten eines breiten Angebots zur Anregung des musikalischen Hörens geschehen. Denn wie schon Heinrich Jacoby feststelle, verfügt jeder Mensch unabhängig von seiner musikalischen Begabung über ein hoch differenziertes Unterscheidungsvermögen in seiner akustischen Umwelt, wenn man Hören nicht nur auf artifizielle Formen der Musik bezieht.

> „Das leuchtet ohne weiteres ein, wenn man bedenkt, dass dieselben Menschen, die scheinbar nicht Dur von Moll zu unterscheiden vermögen, einen Bekannten spontan an der Stimme erkennen oder gar am Schritt! Sie erkennen an der Klangfarbe genau, ob Metall oder Holz zu Boden fällt. Sie erkennen an der Art des Geräusches, ob ein zerbrechlicher Gegenstand beim Hinfallen unversehrt geblieben oder zerbrochen ist. Sie unterscheiden täglich mit dem Gehör *unbewusst* so fein, dass demgegenüber der Unterschied von kleiner und großer Terz geradezu grob erscheint.“ (Jacoby, 1922, 15)

Auch in diesem Kontext dürfte die neuroanatomisch bedingte Differenz in der Klangwahrnehmung für unseren Zusammenhang bedeutsam zu sein, weil individuelle Profile der Klangwahrnehmung und Klangpräferenz erneut auf die Interaktion multimodaler Verarbeitungsstrukturen mit sensomotorischen Mechanismen verweisen – ein Geschehen, das offenbar durch das Musizieren begünstigt wird (Schneider & Wengenroth, 2009).

7. Kapitel

Situative Bedingungen des Hörens
Die sozialen Funktionen der Musikrezeption

Wenn im Folgenden die je besonderen Bedingungen des Hörens im Konzertleben und in der alltäglichen Umwelt betrachtet werden, so geschieht dies in der Hinsicht, dass die jeweilige Situation einen Handlungskontext bereithält, in dem das Hören stattfindet. Musik als bloßer Höranlass ist neueren Datums. In der langen Geschichte der menschlichen Musikpraxis erklang Musik vornehmlich zu rituellen (Religion), zeremoniellen (Staat, Kirche, Militär) und gesellschaftlichen Anlässen (Tanz- und Marschmusik, Arbeitslieder, Gebrauchsmusik). Erst mit dem Aufkommen der bürgerlichen Musikpflege definiert das Musikhören im Konzert mit dem Ritual des Ablaufs (Einlass – Begrüßungsapplaus – stilles Zuhören – Pausengespräch bei Wein oder Sekt – Schlussapplaus – Garderobengespräch) ein eigenes Handlungsfeld, in dem die Musik zusammen mit den beteiligten Personen (Hörern wie ausführendem Musikern) ein kommunikatives und in gewisser Weise interaktives Handlungsschema aufbauen, das sich auf die Art der Wahrnehmung, also darauf, wie die Musik gehört und erlebt wird, auswirkt. Insofern kann Musik im Konzert immer auch als ein eigener Handlungszusammenhang beschrieben werden, an dem der Hörer mitwirkt und dadurch die unterschiedlichen Rezeptionsweisen beeinflusst.

Dies hat sich erst mit dem Aufkommen technischer Medien (Schallplatte, CD) vollkommen verändert, weil das Zuhören im häuslichen Ambiente – vielleicht sogar mit der Partitur in der Hand – diesen Handlungskontext vollständig tilgt: Das Hören wird im Extremfall körperlos und handlungsfrei. Die tiefe Versenkung in das musikalische Geschehen entspricht dabei dem Eintauchen in andere Welten in der *virtual reality*. Diese als Immersion gekennzeichnete

Haltung kann auch in der Musik gefunden werden, wenn sie in bestimmten Situationen (z.B. im Gottesdienst) und Räumen (z.B. in der Kirche) einen inneren Empfindungsraum öffnet, in den der Hörer eintaucht und den die Musik als Medium verstärkt. Dabei geht es dann nicht mehr um verstehendes Hören, sondern es entsteht eine meditative Versenkung in die Aura der musikalischen Aufführung (vgl. Holzmüller, 2020).

Das unterstreicht aber einmal mehr die Tatsache, dass das Hören ganz stark von den situativen Bedingungen der jeweiligen Lebenswelt beeinflusst wird. Denn Hören als eine Form der sinnlichen Kommunikation mit der Umwelt findet immer unter den situativen Bedingungen der jeweiligen Lebenswelt des hörenden Subjekts statt.

Hören unter verschiedenen Rezeptionsbedingungen

Nachdem Hören bisher als phänomenale Tatsache und grundlegende sensorische Fähigkeit von Menschen betrachtet wurde, sollen nun die situativen Handlungs- und Darbietungs-konstellationen in den Vordergrund treten, unter denen sich musikalisches Hören ereignet. Dazu gilt es verschiedene Hörbedingungen zu unterscheiden, je nachdem ob musikalisches Hören im privaten oder im öffentlichen Raum stattfindet und ob es intentional auf den Hörgegenstand gerichtet ist oder ob ihm funktional eine Bedeutung in einem nicht-musikalischen Handlungszusammenhang zukommt. Dabei wird klar, dass sich das Hören selber verändert je nach der Umgebung, in der gehört wird, und dem sozialen Kontext, in den es eingebunden ist. Wir wollen hierzu von einigen Beispielen situativen Hörens ausgehen.

> (1) Passagiere in der Bahn oder im Flugzeug sieht man häufig, mit einem kleinen Lautsprecher im Ohr Musik vom Handy hören. Mimik, Körperhaltung und angedeutete Motorik verraten, dass sie offenbar ihre Musik hören, die sie sich für diesen Moment ausgewählt oder von einem Streaming-Dienst erhalten haben. Sie scheinen ganz versunken und den Klängen hingegeben zu sein und vergessen die Welt um sich herum.

> (2) In einem Fußgänger-Tunnel der Bostoner U-Bahn-Station steht ein Geiger und spielt einen Satz aus einer Bach-Solosonate. Viele Passanten eilen

vorüber, aber einzelne bleiben stehen und lauschen der Musik, die sie hier nicht erwartet haben.

(3) In einem Konzert eines Musikfestivals mit karnatischer Musik in Madras (Chennai, Indien) hören hunderte indischer Zuhörer einem Raga Sänger zu, dessen metrische Grundlage sie aktiv mit ihnen vertrauten Handzeichen begleiten. Die Struktur der langen „Takte" wird dabei körperlich und gestisch mitvollzogen. Schon kurz vor dem Ende des Raga setzen die Zuhörer mit ihrem Applaus ein.

(4) Während eines Klavierabends in Salzburg interpretiert der Pianist in einem voll besetzten Kammermusiksaal eine Beethoven-Sonate. Alle lauschen still und konzentriert. Als ein Hörer in das Stück hinein hustet, unterbricht der Solist sein Spiel, wendet sich an das Publikum und bittet um absolute Ruhe während seines Spiels. Er fordert für sich und die Komposition völlige Konzentration.

Vier zufällig ausgewählte Gelegenheiten führen vier unterschiedliche Situationen vor, in denen Musik gehört wird. Dabei tauchen bereits verschiedene Grundkonstellationen des situativen Hörens auf. Musik kann sich an eine größere Anzahl von Menschen richten (2–4) oder ganz isoliert nur für sich wahrgenommen werden (1). Sie kann real erklingen (2–4) oder medial vermittelt sein (1). Sie kann in Situationen erklingen, die man eigens zum Hören aufsucht (3, 4) oder beiläufig in anderen Lebenszusammenhängen (z. B. im Kaufhaus, auf der Straße, im Kino etc.) auftreten (2).

Die Beispiele, die man beliebig erweitern könnte, zeigen, dass sich das Hören je nach kulturellem Habitus und darin etablierten Gewohnheiten ändert. Im Konzert sitzt man still und bleibt regungslos ganz dem Hören hingegeben; alle körperlichen Äußerungen werden unterdrückt, so dass selbst ein Husten oder Papierrascheln den zeremoniellen Ritus stört (4). Demgegenüber kann das Zuhören eines kundigen Publikums gerade auch im aktiven Mitvollzug der komplizierten Rhythmik liegen, in dem Hören und Handeln eins werden (3). Eine ganz andere Form des Handelns beim Hören liegt vor, wenn wir Musik zu eintönigen Verrichtungen (Haus- oder Gartenarbeit) oder bei Festen und Feiern auflegen, um als Stimmungsaufheller oder Anreger zu wirken. In diesen Zusammenhang gehört das Musikhören im Auto. Auch hier greift man ganz bewusst auf eine bestimmte Musik als Stimulanz zurück, man hört aber die

Musik nicht nur um ihrer selbst willen. Neuere Forschungen haben gezeigt, wie stark dabei die Art der Musik das Fahrverhalten beeinflusst (Brodsky, 2015; Navarro, Osiurak et al., 2019).

Bei den zahllosen Gelegenheiten, in denen wir der Musik ausgesetzt werden, ob wir sie hören wollen oder nicht (auf der Straße, im Kaufhaus, in Cafés und Gasthäusern etc.), haben wir als Hörer keine Wahl, uns der Musik zuzuwenden oder uns ihr zu entziehen. Umso erstaunlicher ist es, wenn man im Strom der Umweltreize plötzlich innehält und sich von der Musik berühren lässt, die gerade zufällig am Weg von Passanten erscheint (2). Hier kippt das funktionale Musikereignis in eine intentionale Begegnung um. Wenn Passanten dort stehen bleiben, um zuzuhören, unterbrechen sie ihre funktionale Handlungsabsicht, um wenigstens für einen Moment eine willentlich vorgenommene Hörhaltung einzunehmen.

Die sehr spezifische Form des reinen Musikhörens, d.h. der Hingabe eines größeren Publikums an das ausschließliche Hören von Musik um ihrer selbst willen, kam erst mit Einführung des bürgerlichen Konzerts im 19. Jahrhundert auf und prägte entsprechende Verhaltensweisen: ruhig sitzen, nicht reden, an der richtigen Stelle klatschen etc. Bis zum 19. Jahrhundert hatte Musik aber noch überwiegend eine dienende Funktion beim kirchlichen Ritus oder dem höfischen Zeremoniell wie auch zur Repräsentation bei staatspolitischen Empfängen oder Hochzeiten (Abb. 7.1). In den Adelskreisen der Renaissance wie etwa in der Florentiner Camerata um den Grafen Bardi bildete Musik eher den Hintergrund für gelehrte philosophische und kunsttheoretische Diskurse als eine Versenkung ins reine Hören.

Noch bis ins 18. Jahrhundert diente galante Musik der Divertimenti, Serenaden, Cassationen, Harmoniemusiken am Hofe absolutistischer Fürsten überwiegend der höfischen Unterhaltung und Zerstreuung und war Begleitmusik zu festlichen Ereignissen, wovon die zahlreichen Nacht- und Tafelmusiken zeugen (Mauser & Schmierer, 2009). Dabei war es durchaus üblich, dass man sich während der Musikdarbietung unterhielt oder Karten spielte (Abb. 7.2), wie es Louis Spohr noch 1799 für den Braunschweiger Hof in seinen Lebenserinnerungen beschreibt:

> „Die Hofkonzerte bei der Herzogin […] waren der Hofkapelle im höchsten Grade zuwider, da nach damaliger Sitte während der Musik Karten gespielt

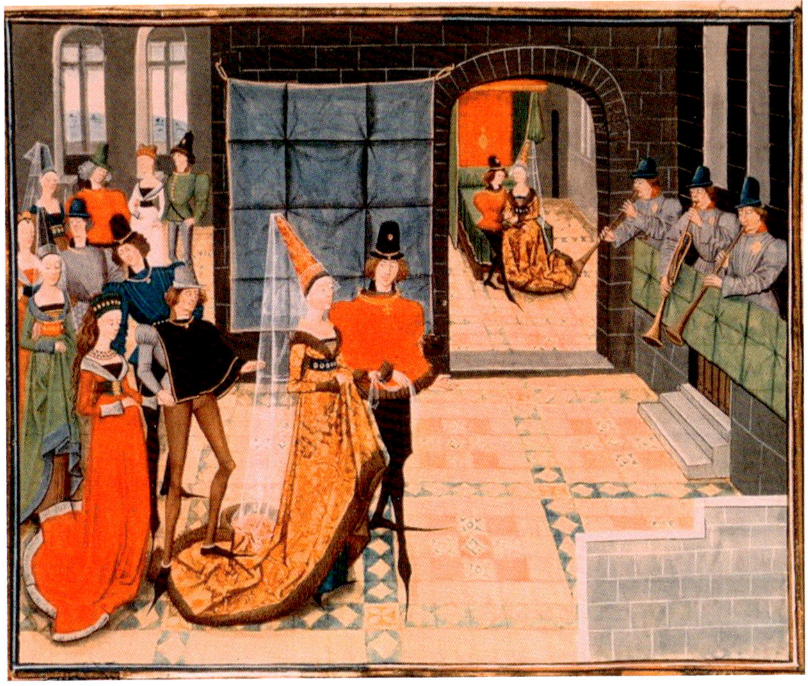

Abb. 7.1: Miniatur von Loyset: Ball am Hofe des König Yvons von Gascogne zur Hochzeit von Renaud de Montauban mit Clarisse (um 1468). Rechts auf der Empore befindet sich die alta capella, die mit ihren Blechblasinstrumenten das höfische Zeremoniell begleitet.

> wurde. Um dabei nicht gestört zu werden, hatte die Herzogin befohlen, dass das Orchester immer piano spielte.“ (Spohr, 1968, 8 f.)

Musik bildete nur den Hintergrund höfischen Lebens und bot damit eine gesellschaftliche Bühne zur Darstellung höfischer Pracht und erlaubte den wenigen Personen, die Zugang zum Hof hatten, die Teilhabe an erlesener musikalischer Darbietung, die selber als *divertissement* angesehen wurde. Die Musiker im Rang von Lakaien standen dabei um die höfische Festtafel und machten Musik zur Erbauung der Gesellschaft. Nicht auf deren Kunstcharakter kam es dabei an, sondern auf deren repräsentative Wirkung als Dekoration wie die Garderobe, die Blumenbouquets oder das kostbare Tafelgeschirr (Abb. 7.2).

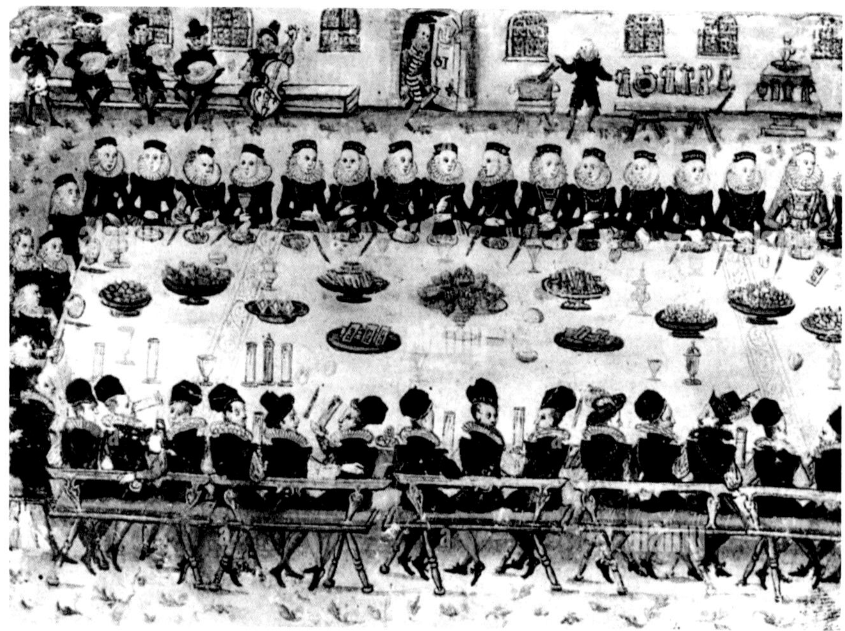

Abb.: 7.2: Anonyme Handzeichnung eines Hochzeitsmahls mit Violen- und Lautenmusik vom Ende des 16. Jahrhunderts (Germ. Nationalmuseum Nürnberg).

Zahlreiche Tafelmusiken zeugen von dem durchaus artifiziellen Charakter dieser Gebrauchsmusik, wie die gedruckten Sammlungen von Suiten, Tänzen und Märschen von Andreas Hammerschmidt (1662), Wolfgang Carl Briegel (1672), Heinrich Ignaz Franz Biber (1680), Valentin Rathgeber (1733) oder Georg Philipp Telemann (1733) zeigen. Das Hören von Musik war zunächst also nur im Rahmen gesellschaftlicher Teilhabe am höfischen Leben möglich.

Im 18. Jahrhundert setzte dann allmählich eine Verbürgerlichung des Musiklebens ein, die konzertante Tafelmusiken dann auch in Gast- und Bürgerhäuser brachte. Aber erst im 19. Jahrhundert vollzog sich ein kunstsoziologischer Wandel, durch den bürgerliche Konzerte an die Stelle höfischer Musikpflege traten. Im festlichen Ambiente repräsentativer Konzertsäle versammelte sich das Bürgertum zum Konzertgenuss mit berühmten Virtuosen und Dirigenten. Das musikalische Hören wurde dabei oft vom gesellschaftlichen Glanz des Abends überstrahlt, d.h. das eigentliche Hören der Musik bot nur einen

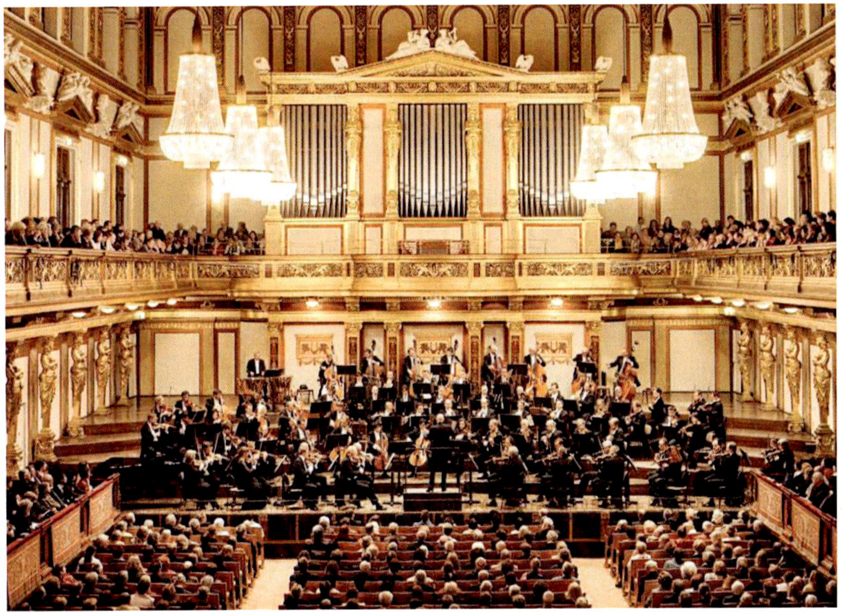

Abb. 7.3: Bürgerliche Musikkultur. Der große Saal des Musikvereins in Wien als Beispiel eines öffentlichen Raums, dessen Gestaltung und Akustik ganz auf das Anhören der Musik ausgerichtet sind.

Begleitaspekt des gesellschaftlichen Ereignisses. Das Zeremoniell des Konzerts prägte die andächtig versunkene Haltung des Hörens ohne sichtbare körperliche Regung. Nun erst konnte Musik zum Gegenstand kontemplativer Versenkung und stillen Zuhörens werden. Konzertsäle boten Räume, die nur zum Zweck des Zuhörens erbaut wurden (Abb. 7.3). Dies trug zur Bildung der bürgerlichen Musikkultur bei und schuf den Typus des gebildeten Konzerthörers und etablierte damit eine neue Form der Musikteilhabe durch Hören. Zugleich verleiteten die großen Säle zu einer Konformität des ritualisierten Verhaltens; die Anpassung der äußeren Hörhaltung an die kulturelle Konvention unterdrückte die Emanzipation der eigenen Hörbedürfnisse.

Im Rahmen des bürgerlichen Konzertwesens trat aber oft das bloße Hören gegenüber der Bewunderung des technischen Könnens von reisenden Virtuosen und der gesellschaftlichen Präsentation der Konzertbesucher in den Hintergrund. Das gehobene Bildungsbürgertum schloss sich in Philharmonischen

Gesellschaften zusammen, um die Aufführungstradition der klassischen Musik zu pflegen. Musikalische Hör- und Verständnisfähigkeit waren dabei aber nicht Voraussetzung für die gesellschaftliche Teilhabe, sondern wurden ihr untergeordnet. Die Programmhefte und Konzerteinführungen bedienten die bildungsbürgerliche Erwartung mit einführenden Beschreibungen der musikalischen Inhalte. Das Musikhören wurde zum gesellschaftlichen Ereignis und verlagerte sich auf stimmungsmäßige Einfühlung und Bewunderung, die kein immanent musikalisches Denken mehr voraussetzten. Aber selbst im kultivierten Verhalten der Konzerthörer bleibt ein nicht unwesentlicher Rest handelnden Hörens erhalten. Denn die musikalische Wahrnehmung und das Verständnis dessen, was sich in der Musik ereignet, spielt sich hier vornehmlich auf der Ebene des inneren gestischen Vollzugs der expressiven emotionalen Gehalte der Aufführung ab.

Ganz anders geartete Herausforderungen stellt der hörende Umgang mit gegenwärtiger Neuer Musik. Denn hier geht es nicht mehr vorrangig um das Erkennen motivischer Zusammenhänge, harmonisch-klanglicher Fortschreitungen und formaler Konzeptionen, sondern die Klangprozesse in ihrer gesellschaftlichen und kulturellen Bedingtheit stellen eine unmittelbare Herausforderung an das Hören dar, indem sie zur Auseinandersetzung mit inneren Haltungen und ästhetischen wie auch kulturspezifischen Einstellungen herausfordern. Das Hören der sich im Augenblick des Jetzt vollziehenden Klangentfaltung macht die eigene Reaktion darauf zum wesentlichen Inhalt des Hörens, so dass Musik zum „Medium der sich selbst erfahrenden Wahrnehmung" (Handschick, 2015) werden kann, indem das Hören sich in der Wahrnehmung selber reflektiert oder, wie Lachenmann sagt, „Hören ist wehrlos ohne Denken" (Lachenmann, 2004, 54). Dies entspricht einer selbstreferentiellen Bezugnahme des Hörens auf das Gehörte. Subjekt und Objekt verschmelzen dabei im Erkenntnisprozess und transzendieren die physiologischen und psychologischen Mechanismen der Wahrnehmung.

Maßgeblich verändert hat das Hörverhalten heute der Umgang mit digitalen Medien (Hargreaves & Lamont, 2017). Das Hören ist nicht mehr an das Tun – die musikalische Ausführung mit Instrument und Stimme – gebunden, sondern vollzieht sich im isolierten Inneren des einzelnen Hörers. Die Musik muss – anders als bei Radio, TV oder CD – nicht mehr akustisch in einem Raum vorhanden sein, sondern erscheint bei der Rezeption über *In-Ear* Kopfhörer des Handys nur noch im imaginären Innenraum des Hörers. Die mediale Mobilität aller Musik mittels *You Tube* und Streaming Diensten (*Spotify*) auf Smartphones hat zur Folge, dass sich auch im öffentlichen Raum private Hörräume auftun, die selbst in der Öffentlichkeit eine ganz individuelle Zuwendung zur präferierten Musik ermöglichen. In der Masse von Fußgängern in einer Einkaufszone können sich so Inseln individuellen Hörens mit dem Lautsprecherknopf im Ohr bilden; Privates und Öffentliches schließen sich dabei nicht mehr aus.

Das Hören von Musik wird so immer weiter ausdifferenziert und dabei emotional durch den Grad der Erregung (*Arousal*) und die Empfindungsqualität (*Valenz*) gesteuert. Hören ist nicht mehr vorrangig auf die Wahrnehmung der musikalischen Mittel und das Verstehen von Sinn und Gehalt musikalischer Werke gerichtet, sondern erscheint als eine sensorische Reaktion auf vielfältige akustische Stimulationen. Die Digitalisierung der Musik und ihre mediale Verfügbarkeit im Indoor- wie Outdoor-Bereich verändert das Hörverhalten (Schramm, 2019). Die Musik erhält die Funktion, Teilhabe an einer sich ständig ändernden kulturellen Welt zu initiieren. Diese wird immer stärker bestimmt von Streaming Diensten und Video-Plattformen. Den Musikkonsum leiten darin mediale Visualisierungen von körperlichen Reaktionen (Bewegung, Tanz), die von den Medien bereitgestellt und imitativ übernommen werden. Hören wird zum Konsum und dieser zur körperlichen Aneignung kultureller Normen (Nowak, 2016; Ruth, 2019).

Rezeptionsbedingungen und Distinktionsbedürfnis

Die gesellschaftliche und kulturhistorische Entwicklung hat immer mehr zu einem Denken in sozialen Kategorien geführt. So erklärt sich auch die Verschiebung der Aufmerksamkeits-richtung von der Musik auf die situativen Rezeptionsbedingungen, die sich in den divergierenden Darbietungs- und Wahrnehmungskontexten spiegeln. Das führt zu einer wachsenden Beachtung der Rezeptionssituationen mit ihren unterschiedlichen Verhaltens-formen für das Hören (Dollase, 2006). Denn dieses ist notwendig ein anderes je nachdem, ob man in einem Konzert sitzt und konzentriert oder diffus zuhört oder ob man in sich in einer kulturell homogenen Masse von z. B. in einem Rockkonzert

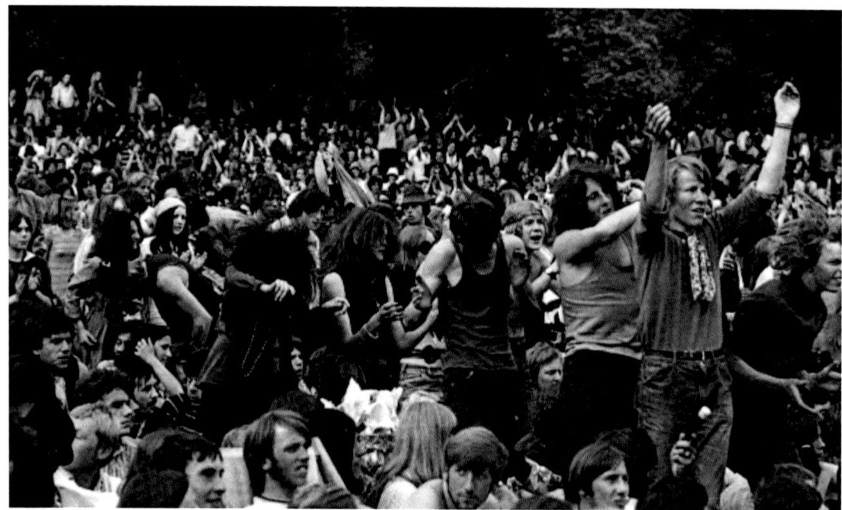

Abb. 7.4: Rockkonzert der Rolling Stones im Londoner Hyde-Park Juli 1969.

befindet und so an einer kumulativen Gruppenerfahrung teilhat, deren Wahrnehmung der Musik auf Grund der Lautstärke und starken Basslastigkeit eher vegetativ erfolgt, wobei diese viszeral als Vibration empfunden wird (Abb. 7.4). Auf diese Weise entsteht sozialpsychologisch ein einheitlicher Hör- und Erlebnisraum mit eigenen Verhaltensnormen gegenüber der Musik. Demgegenüber erzeugt die Isolierung der Hörsituation über Kopfhörer im Alltag zwangsläufig andere Handlungs- und Verhaltensweisen des Hörens als die Kommunikation in einer kulturell homogenen Gruppe, sei es von Rock-Hörern oder von Chor- oder Orchestermitgliedern.

In diesem Kontext werden andere Wahrnehmungskanäle aktiviert als z.B. beim Zuhören einer Messvertonung in der Kirche. Und dieses Verhalten hat soziokulturelle Gründe, die in der Teilhabe an einer je besonderen *Community of Practice* (Wenger, 1998) liegen. Danach prägen die Bindung und Teilhabe an sozialen Gruppierungen und deren konstituierenden Normen in erheblichem Maße die musikalische Praxis des Hörens und Musik Machens. Gemeinsame Interessen und Praktiken beruhen auf gemeinsamen Wertvorstellungen und schaffen erst die Voraussetzung zur Teilhabe an der jeweiligen musikalischen Praxis (Ardila-Mantilla, Busch et al., 2018). Die Bindung an solche sozialen

Gemeinschaften wird durch die aktive Beteiligung erworben, die dann kulturelle Teilhabe ermöglicht. Musikhören kann dazu einen wesentlichen Beitrag leisten. Das Hören ist dabei eingebunden in soziale Praktiken und erscheint nicht mehr als kognitiver Akt der geistigen Auseinandersetzung mit der Welt, sondern wird selber zu einem Teil dieser (Um)Welt.

All diese unterschiedlichen Verhaltensformen des Hörens folgen einem Grundbedürfnis nach Distinktion einerseits und gleichzeitiger Stärkung der Gruppenzugehörigkeit andererseits (Bourdieu, 1982). So ist zu beobachten, dass der Medienkonsum einerseits die Individualisierung und Vereinzelung des Hörers begünstigt, wenn jeder und jede zu jeder Zeit die ihm adäquate Musik (Nowak, 2016) auswählen und sich zu ihr und mit ihr verhalten kann; aber gleichzeitig treten auch große Ähnlichkeiten im Konsumverhalten über lokale Grenzen hinweg auf, wie eine Studie zum kulturspezifischen Medienverhalten gezeigt hat (Pichl, Zangerle et al., 2017), d.h. die Individualisierung der Zugänge schlägt um in eine Normierung der Rezeptionsbedingungen.

Die Strukturen des Hörens verändern sich also je nach der sozialen Praxis im Rahmen kultureller Teilhabe, die zugleich eine – zumindest zeitweise – Abgrenzung gegenüber einer anderen, fremd erscheinenden Kulturalität impliziert. Hören erscheint so in seinen diversen sozialen Ausprägungen zugleich als Spiegel gesellschaftlicher Prozesse, die weit über die hier beschriebenen Möglichkeiten hinausweisen, mediengerechtes Musikhören nach neuronalen und kognitionspsychologischen Kriterien zu erfassen.

8. Kapitel

Das andere Hören
Erscheinungsformen einer *déformation professionnelle*

Nachdem bisher musikalisches Hören unter dem Gesichtspunkt physikalisch akustischer, kognitionspsychologischer, neuroanatomischer, evolutionsbiologischer und sozial-kommunikativer Ansätze beschrieben wurde, wollen wir zum Abschluss den Blick auf all die Gelegenheiten richten, bei denen es um eine sehr spezielle Form des professionellen Hörens geht, die sich vom alltäglichen Hörumgang mit Musik unterscheidet, weil es hierbei um ein sehr zielgerichtetes und damit zugleich auch um einen auf nur einen ganz bestimmten Aspekte der Musik gerichtetes Hören handelt, das von einer professionellen Ausrichtung der jeweiligen Hörintention ausgeht. Daher erscheint Hören hier als ein *anderes* Hören, das eine Form professioneller Fokussierung darstellt, die hauptsächlich von der beruflichen Anforderung geprägt ist und von einem auf künstlerisches Erleben gerichteten Hören abweicht. Dies kann zu einer *déformation professionnelle* führen, die eine Verzerrung der Höreinstellung hervorruft und sich damit vom alltäglichen Hörverhalten deutlich unterscheidet. Eine solche *déformation* kann bei bestimmten Formen der Musikausübung, bei spezifischen Hör-Berufen wie auch in der Musikpädagogik auftreten.

Erscheinungsformen einer *déformation* des Hörens bei Musikern

Hierbei handelt es sich um eine spezifische Fokussierung des Hörens auf bestimmte Aspekte eines musikalischen Werks und dessen Ausführung, die durch die praktische Erarbeitung vorgezeichnet ist. Das Hören auf die eigene Klangerzeugung und Klanggestaltung liefert gewissermaßen die „Linse", durch die auf den Gegenstand geblickt – oder hier: gehört – wird. Natürlich verändert sich dabei das Bild (der Höreindruck), verglichen mit einer „normalen" Hörsituation.

Instrumentalisten und Sänger

Solch selektiv gefiltertes Hören kennt jeder ausübende Musiker, der die Aufführung eines Streichquartetts oder einer Sinfonie anhört und sich dabei stark auf die eigene Stimme konzentriert. Dabei erscheint dann der eigene Part, den man so oft geübt und immer wieder gespielt hat, in der Wahrnehmung deutlich vergrößert, was bis zur Vernachlässigung dessen geht, was in den anderen Stimmen passiert. Aber bezogen auf den eigenen Part erfüllt das Hören alle Bedingungen des wahrnehmenden Erkenntnisprozesses der Musik. Das Hören wird von der innerlich repräsentierten Motorik des Spiels begleitet, es ereignet sich als mentale Ausführung des eigenen Parts mit präziser Wahrnehmung spezieller interpretatorischer Besonderheiten der Phrasierung, der Dynamik und Agogik bis hin zur technischen Bewältigung schwieriger Stellen. Man kann zeigen, dass Musiker beim Anhören ihnen vertrauter Musik die motorischen Areale im Gehirn aktivieren, Hören also eine Form imaginierten Handelns darstellt.

Der Musiker, der dem eigenen Spiel zuhört, erlebt natürlich ein anderes Musikstück als ein Konzerthörer. Bei der Ausführung eines Musikstücks oder der spontanen Improvisation tritt der Musiker als Spieler und Hörer in einen interaktiven Prozess ein, indem sein Ohr in jedem Moment das Gespielte kontrolliert und gegebenenfalls korrigiert und den weiteren Fortgang gedanklich in die intendierte Fortsetzung vorausprojiziert. Sein Hören ist daher zugleich auf den aktuellen wie auf den vorgestellten nächsten Klang gerichtet.

Die professionell entwickelte Form dieses Hörens ist daher höchst konzentriert und auf die im Moment zu realisierende Phrase mit all ihren technischen, expressiven und formalen Mitteln fokussiert. Die berufliche Prägung und persönliche Erfahrung mit der Musik bedingen, wie das jeweilige Musikstück gespielt und wahrgenommen wird, mit der Folge, dass jeder letztlich etwas Anderes hört, weil er seine Aufmerksamkeit auf andere Aspekte richtet. Die Frage, die sich dabei stellt, ist, ob dies nicht notwendigerweise immer der Fall ist, dass die individuelle Vorerfahrung und daraus entstehende Erwartung einen individuellen Filter der Wahrnehmung darstellen, der nicht in der Physis des Hörens, sondern in der kulturellen Prägung und Erfahrung begründet liegt.

Dirigenten

Für Dirigenten ist das Hören eine zentrale Kategorie, an der sich seine Interpretation bemisst, ob das Hörergebnis mit der eigenen Klangvorstellung übereinstimmt. Dabei muss sich ein Dirigent zunächst einmal auf Grund der Partitur einen Überblick über die klangliche Gestalt des aufzuführenden Werks verschaffen. Es geht also um die Sonderform des inneren Hörens bei der Lektüre der Partitur.

Bei der Probenarbeit muss der Dirigent dann aber im Unterschied zum Instrumentalisten ein sehr breites Klangspektrum erfassen, um die Balance der Instrumentalgruppen, die Präzision des gemeinsamen Musizierens, um Dynamik, Tempo, Agogik und Phrasierung der einzelnen Stimmen gestaltend und kontrollierend im „Auge" (Ohr) zu behalten. Voraussetzung dafür ist die präzise Wahrnehmung der einzelnen Stimmen. Dazu ist es unter anderem erforderlich, die einzelnen Klänge genau lokalisieren zu können, also zu erkennen, woher ein Klang kommt, welches Instrument an einer unkorrekten Intonation oder unerwünschten Phrasierung etc. beteiligt ist. Daher sind Dirigenten nachweislich im Richtungshören, d.h. der korrekten Lokalisation eines Klangs anderen Musikern und Laien überlegen (Münte, Kohlmetz et al., 2001).

Als besonders komplex erweist sich dabei die Integration von Hörreizen und Motorik nach auditorischem Feedback (Blank, 2016). Denn das dirigierspezifische Hören wirkt unmittelbar auf die Gestik des Dirigierens ein, die die Klanggestaltung moduliert und zugleich unmittelbar auf die Klangwahrnehmung reagiert.

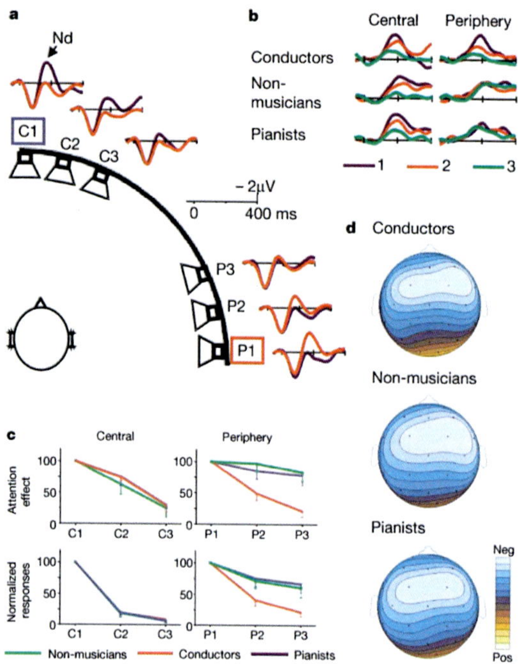

Abb. 8.1: Verfeinertes räumliches Hören (Richtungshören) bei Dirigenten im Vergleich mit Pianisten und Nicht-Musikern. Die Vpn sind von Lautsprechern umgeben (C1 – P1), die kurze Klangimpulse geben. Während sich die Vpn auf den zentralen Lautsprecher (C1) konzentrieren, sollen sie angeben, wenn die Klänge aus einem anderen Lautsprecher kommen. Dabei werden die aktivierten Hirnpotentiale (ERPs) gemessen.

Besondere Anforderungen bei Hör-Berufen

Tontechniker

Rundfunkanstalten sowie Aufnahmestudios brauchen Tonmeister und Toningenieure, die für die technische, darüber hinaus aber auch für künstlerische, also qualitativ ästhetische Aspekte der Aufnahme verantwortlich sind. Ihr Hören ist notwendig und berufsbedingt auf ganz bestimmte Merkmale der Ausführung wie Textgenauigkeit, Intonation, Tempostabilität, dynamische Balance und stilistische Rahmenbedingungen (Hall, Verstärkung einzelner Instrumentalgruppen u. ä.) gerichtet. Wichtiges Ziel ist die korrekte Darstellung der Partitur; das Hören ist daher unmittelbar an das Lesen der Partitur gekoppelt. Dabei ist deren Wahrnehmung von der Alltagswahrnehmung von Musik so verschieden, wie die eines Försters bei der Waldbegehung, dessen Beachtung des Baumbestands selektiv auf bestimmte Aspekte der Forstwirtschaft wie auf die Pflanzengesundheit, den Schädlingsbefall oder den wirtschaftlichen Ertrag gerichtet ist, was vom gewöhnlichen Spaziergänger gar nicht beachtet wird. Der Tonmeister, der in Ausübung seiner Arbeit bei einer schönen Stelle so ergriffen wäre, dass er den verwackelten Einsatz oder gar einen falschen Ton überhörte, wäre fehl am Platz. Sein Hören muss selektiv fokussiert sein.

Das trifft in besonderem Maße auch auf den neuen Bereich des *Sound Design* zu. Denn hier geht es um die Weiterverarbeitung und Gestaltung von Klängen im Multimedia Bereich in Film, Funk und immer mehr auch im industriellen Kontext. Hier richtet sich das Hören nicht mehr auf das Verstehen oder die Verdeutlichung einer musikalischen Aussage, sondern um die funktional optimale Ausgestaltung der Klangmöglichkeiten für einen bestimmten Zweck oder ein bestimmtes Medium. Das (innere) Hören ist darauf gerichtet, ein bestimmtes Klangdesign zu erstellen und dann technisch professionell zu realisieren.

Musikkritiker

Bei Musikkritikern handelt es sich um Personen, die über Musik und deren Aufführung in Tageszeitungen und Fachzeitschriften berichten und zu einem Werturteil auf Grund ihres Höreindrucks und ihres Wissens gelangen. Für den Kritiker ist Hören über den Musikgenuss hinaus eine professionelle Angelegenheit. Er muss sich ein Bild von der Angemessenheit der Interpretation wie von der technischen Genauigkeit der Ausführung der Künstler machen. Dazu bedarf es guter Hörfähigkeiten neben stilistischen und musikhistorischen Kenntnissen. Sein Hören ist vornehmlich auf die interpretatorischen Nuancen, auf Genauigkeit und technische Perfektion gerichtet; sein berufliches Handeln als Hörer mündet aber primär nicht in ein Hör*erlebnis*, sondern in ein Urteil, das sich in einem Text über die Musik und ihre Aufführung kundtut. Es handelt sich also um ein Hören unter den besonderen Bedingungen der Kritik.

Heute können Musikkritiker sich anhand von fachwissenschaftlichen Abhandlungen und beispielhaften Einspielungen (CD, You Tube) orientieren.

Noch bis ins frühe 20. Jahrhundert, als Tonträger und mediale Kommunikationsmittel noch nicht zur Verfügung standen, waren Musikkritiker darauf angewiesen, sich anhand der Partitur oder eines Klavierauszugs lesend oder spielend einen ersten Eindruck von dem betreffenden Werk zu verschaffen. Das bedeutete, dass ein guter Rezensent in der Lage sein musste, eine Partitur am Klavier zu spielen oder so zu lesen, dass ein Klangresultat in der Vorstellung erscheint, also allein der Notentext es erlaubt, einen Klangeindruck lesend zu antizipieren. Dies stellt zweifellos eine besondere Herausforderung an die Musikkritik dar, sofern sie mehr sein möchte als eine feuilletonistische Beschreibung der Entstehungsumstände eines Werks.

Selektive Fokussierung des Hörens beim pädagogischen Umgang mit Musik

Instrumental- und Gesangsunterricht
Wenn Arnold Schönberg am Schluss seiner *Harmonielehre* feststellt: „... aber das Gehör ist doch eines Musikers ganzer Verstand" (Schönberg, 1911/1949), 490), so verweist dieses Diktum auf die Tatsache, dass die Bildung eines Musikers mit der Bildung seines Gehörs auf das Innigste verbunden ist. Denn was instrumental ausgeführt werden soll, muss mental als Hörvorstellung vorausgedacht werden. Spielen lernen heißt musikalisch denken lernen, und das geschieht in der Musik mit dem Ohr. Insofern ist die Bildung des Gehörs Voraussetzung und Ziel instrumentaler Unterweisung. Hörend denken und denkend hören (Haas, 2002; Zender, 2016) sind dabei die wichtigsten Kategorien, die vor jeder technischen Ausführung am Instrument stehen.

Aber darüber hinaus dient das Hören beim Instrumentalunterricht natürlich auch zur technischen Kontrolle der korrekten Ausführung und bildet die Grundlage musikalischer Kommunikation beim Ensemblespiel. In dieser Hinsicht ist hier das Hören sehr spezifisch auf bestimmte Aspekte der Ausführung gerichtet. Die Tonbildung, Intonation, Bewegungskoordination und rhythmische Präzision können nur über das Ohr kontrolliert und dann korrigiert werden. Insofern weicht das Hören im Instrumentalunterricht in diesem Punkt vom alltäglichen Musikhören ab und stellt eine professionale Selektion der Aufmerksamkeitsrichtung dar.

Das trifft in besonderem Maße für den Sänger zu, der zunächst das eigene Instrument – die körperliche Stimme – „bauen" muss. Und da man die eigene Stimme über die körperliche Knochenleitung anders hört als ein Außenstehender, muss der Sänger die Berücksichtigung der eigenen Organfunktionen über das Hören handelnd erproben. Dabei wirken der Stimmsitz und die Kehlkopfeinstellung unmittelbar auf die Tonvorstellung ein. Die Kontrolle des Sängers hinsichtlich des eigenen Stimmklangs erfordert eine genaue Kenntnis der funktionalen Abläufe sowie eine unmittelbare physiologische Reaktion auf die aktuelle Klangproduktion. Solch gesangspezifisch funktionales Hören stellt eine hochspezialisierte Fähigkeit dar, die durch die Ausbildung erworben und in der Berufspraxis gefestigt wird.

Gehörbildung

Das an Musikakademien, Konservatorien und Musikhochschulen etablierte Pflichtfach „Gehörbildung" soll das musikalische Gehör ausbilden, aber nicht in der Art, dass man lernt, längere Zeit ruhig und konzentriert einen musikalischen Verlauf zu verfolgen, sondern die vorgespielten Töne, Ton- und Akkordverbindungen dienen hier nur als Mittel zur Unterscheidung und Bestimmung einzelner Tonhöhen, Intervalle, Akkorde und Modulationen (vgl. Lin, Werner et al., 2021). Es geht dabei auch nicht eigentlich um *Musik*hören, sondern um ein Training zur Unterscheidungsfähigkeit bei der *Intervall-*, *Akkord-* und *Rhythmusbestimmung*. Die emotionale Tönung der Wahrnehmung spielt bei der Unterscheidung zwischen einer großen und kleinen Terz, einem verminderten Dreiklang oder Molldreiklang so gut wie keine Rolle. Die bewusste Fokussierung auf einen bestimmten Ausschnitt der musikalischen Wirklichkeit, nämlich die musiktheoretischen Grundlagen eines Tonsatzes in rhythmischer und tonaler Hinsicht, dient hierbei der Bildung und Festigung eines Modell-Repertoires, das zur Erfassung der strukturellen Grundlagen eines Musikstücks hilfreich und notwendig ist. Dabei geht es um die Bildung der Fähigkeit, in Musik, d.h. in immanenten musikalischen Vorgängen zu denken – eine Fähigkeit, die eng mit musikalischer Begabung verbunden ist und die der amerikanische Musikpsychologe Edwin Gordon als *audiation* bezeichnet hat (Gordon, 2001; Gruhn, 2018; Strobbe & Regenmortel, 2012). Dies wird heute wieder verstärkt mit dem Mittel der relativen Solmisation (Tonika-Do) zu erreichen versucht (Losert, 2015), indem historische Lehrmethoden für das heutige Musiklernen nutzbar gemacht werden (Aydintan, Krämer et al., 2021).

Der Begriff der Audiation verweist auf die Aktivierung innerer Repräsentationen, die es erlauben, einen Klang in seiner immanent musikalischen Funktion (z.B. als Grundton oder Vorhalt) zu erfassen und damit praktisch beim Spielen oder Improvisieren umzugehen. Hörenlernen heißt dabei zugleich, musikalisch denken zu lernen. Im Denken aber aktivieren wir Sinn und Bedeutung. Und wenn das Denken aus dem Handeln hervorgegangen ist, dann bedeutet Gehörbildung, zur musikalischen Handlungsfähigkeit zu führen. Dass dies durchaus auch mit Hilfe von körperlichen Bewegungen geschehen kann und soll, hat Émile Jaques-Dalcroze in seiner rhythmischen Bewegungslehre gezeigt (Jaques-Dalcroze, 1907), die ursprünglich auf die Ausbildung von Musikstudenten am Genfer Konservatorium zugeschnitten war. Die Grundidee dabei war, musikalisches Hören mit körperlichen Bewegungen zu begleiten und Bewegung als Mittel der Wahrnehmung einzusetzen (Bachmann, 1991).

Indem Gehörbildung (engl. *ear training*) zu einer akademischen Disziplin avancierte, hat sie im Rahmen der Musikerausbildung an Legitimation gewonnen, läuft dabei aber Gefahr, sich in einer isolierten handwerklichen Fertigkeit zu isolieren. Diese Gefahr liegt dann besonders nahe, wenn sich technisch formale Aspekte verselbständigen. Neue Ansätze einer professionellen Hörerziehung und Hörbildung, die Hören als denkendes Handeln entwirft, versuchen dem entgegenzuwirken (Haas, 2002; Lüthke & Ong, 2019).

Hören im Umfeld des allgemeinbildenden Musikunterrichts

Eine Welt ganz eigener Prägung stellt das Hören im schulischen Kontext des Klassenunterrichts dar. Hier führt in jüngster Zeit die digitale Verfügbarkeit von Musik aller Art durch musikalische Streaming-Dienste zu neuen Umgangsweisen und Haltungen, weil immerwährendes Hören zu einer eher passiven Begleiterscheinung alltäglicher Lebensgewohnheiten und Tätigkeiten mutiert und kaum noch mit aktiver Sinnerschließung (Kognition, Zuhören) in Verbindung gebracht wird. Schülerinnen und Schüler hören ständig Musik; sie ist ununterbrochen präsent. Damit wird schulisches Hören im Musikunterricht noch radikaler vom Hören im Alltag abgekoppelt. Denn im Schulunterricht sollen alle gleichzeitig dieselbe Musik anhören, die meist gar keinen Lebensbezug mehr besitzt. Zudem wird das Hören hier didaktisch durch Höraufträge gelenkt; denn das Hören geschieht ja zum Zwecke des Lernens, also nicht um der Musik und ihrer Expressivität willen, sondern zur Erreichung eines bestimmten Lernziels. Auch dies stellt schon eine *déformation* des eigentlichen Hörens dar, der Musikpädagogen dann mit verschiedenen Ansätzen der Hörerziehung begegnen. Dabei wird zunehmend die didaktische Aufmerksamkeit auf praktische Tätigkeiten gerichtet, die mit dem Hören verbunden werden, sei es, dass improvisatorisch mit einfachen Klasseninstrumenten Strukturphänomene erprobt werden, sei es, dass Höraufgaben mit einer Zuordnung von Notationen oder Grafiken arbeiten, die das Hören aufs Detail lenken, das in der Notation abgebildet ist, sei es, dass Hörprozesse konkret mit sprachlichen Experimenten verbunden werden. Immer verweist dabei das Hören von Musik auf bekannte Phänomene des alltäglichen Lebens und holt damit die Alltagserfahrung des handelnden Umgangs mit den Dingen in das Hören unbekannter Musik ein.

In seiner „Schule des Hörens" bekennt Raymond Murray Schafer,

> „[...] dass einem das Wesen musikalischer Vorgänge nie aufgehen wird, solange man in stummer Ergebenheit darauf wartet. Als ausübender Musiker bin ich zu der Einsicht gelangt, dass man über den Klang nur dann etwas in Erfahrung bringt, wenn man selbst Klänge erzeugt, und dass man in der Musik nur dann etwas lernt, wenn man selbst musiziert. Was immer wir in der Natur der Klänge suchen, ist auf empirischem Weg zu suchen, das heißt: wir müssen die Klänge erst einmal produzieren, selbst produzieren, und dann mit eigenen Ohren hören, was dabei herauskommt." (Murray Schafer, 1972, 5)

Und er verweist darauf, dass das Ohr des Menschen allen Schallereignissen (Musik wie Lärm) ungeschützt ausgesetzt ist und es daher besonderer psychischer Mechanismen bedarf, unerwünschte Klänge auszublenden und sich ganz auf das Wesentliche zu konzentrieren. In neun Vorträgen entwirft er dann einen Kurs zur Schulung des Gehörs im Sinne aktiven Tuns: Hören heißt Handeln; Musikhören beginnt mit und fußt auf musikalischem Handeln.

Ein wichtiges, historisch bewährtes Mittel ist dabei die Solmisation, also die Benennung einzelner Töne mit Silben, die ihre Beziehung in einem melodischen System bezeichnen. Soll ein Schüler ein musikalisches Phänomen wie die Tonalität „Dur" mental repräsentieren, bildet der Einsatz der eigenen Stimme eine unverzichtbare Voraussetzung. Denn mit der aktiven Artikulation einer Dur-Tonleiter oder eines Dur-Dreiklangs erzeugt man den Klang, der dann mental repräsentiert und gespeichert werden soll. Dazu verhilft es, den jeweiligen Klang eindeutig und unverwechselbar zu benennen. Das physische Handeln der Klangerzeugung wird so in einen diskreten Bewusstseinsinhalt transformiert, der dann mental repräsentiert und dann auch wieder aktiviert werden kann (Abb. 8.2).

Hier können wir also zwei Ebenen unterscheiden, die beide für das Hören im

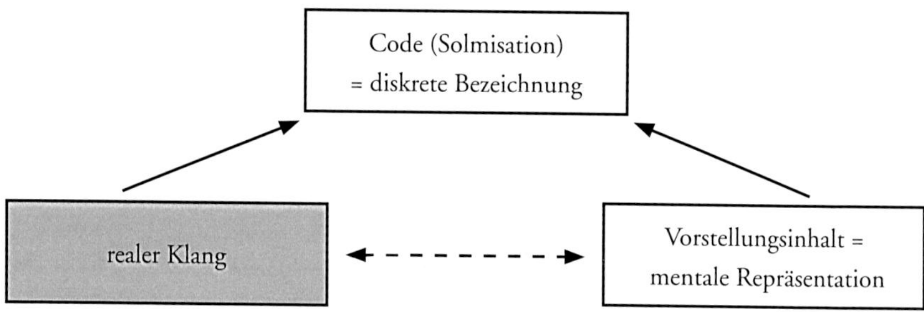

Abb. 8.2: Bildung mentaler Repräsentationen mit Hilfe der Solmisation.

Sinne von Wahrnehmen und Erkennen wichtig sind. Zum einen gibt es einen Zirkel zwischen real erzeugtem Klang (Ton, Melodie, Rhythmus) und seiner symbolischen Kodierung. Somit unterscheiden wir eine phänomenale Ebene der klingenden Musik und eine repräsentationale Ebene, auf der ein Austausch zwischen allgemeiner Erfahrung und konkreter Kognition stattfindet. Der einzelne Klang, den man hörend erlebt, wird in ein Zeichen (sprachlich oder grafisch) umcodiert, wobei die Zeichenebene immer gegenüber dem realen musikalischen Klang unterrepräsentiert bleibt, d.h. das Zeichen vertritt nur einzelne Aspekte des klanglichen Phänomens. Um das Zeichen dann wieder in einen Klang zu übersetzen, muss ihm etwas aus der Erfahrung und dem Wissen hinzugefügt werden, es also überrepräsentiert werden, damit der Klang in seiner musikalischen Besonderheit wieder neu entstehen kann. Insofern bedarf es bei der Kognition eines Zusammenwirkens von Erfahrung und Wissen, die erst die Wahrnehmung von etwas möglich machen (Abb. 8.3).

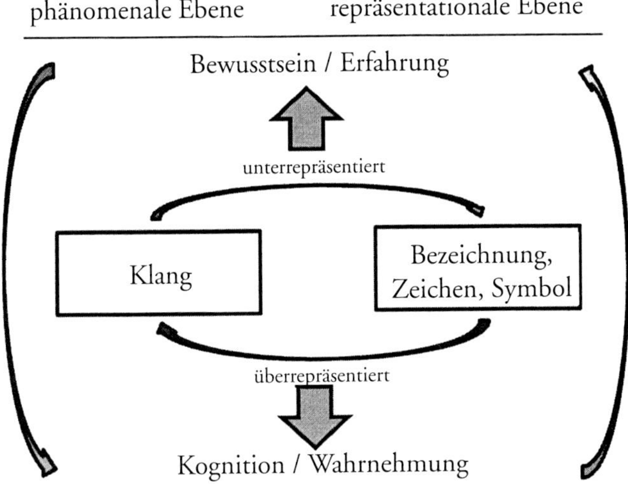

Abb. 8.3: Prozesse auf den Ebenen der Klangverarbeitung.

Hörerziehung im musikalischen Bildungsprozess auf allgemeinbildender (Schule) wie auf professionell musikalischer Ebene (Musikhochschule, Konservatorium) bedeutet also immer, die Handlung der musikalischen Klangerzeugung an mentale Repräsentationen, an Erfahrung und Wissen zurückzubinden. Der lernende Hörer muss über soviele Erfahrungen im Bewusstsein verfügen, dass er etwas hat, was er den rohen Sinnesdaten hinzufügen kann, um aus der sensorischen Erregung der auditorischen Areale etwas zu generieren, was wir als Klang und Musik erleben. Im Hören schaffen wir erst den Gegenstand, mit dem wir uns beschäftigen und der uns scheinbar als externer Gegenstand gegenübertritt. Im Akt des Hörens liegt also ein kognitiver Zugriff auf die hinter den Sinnesdaten verborgene Bedeutung. Hören und Handeln erscheinen so als zwei Seiten derselben Sache; beides beinhaltet den verstehenden Zugriff auf Musik als Erkenntnisgegenstand.

Ausklang
Und was folgt daraus?

… im Hinblick auf den allgemeinen Musikunterricht

Was bedeutet die hier vorgestellte neurophysiologische Theorie nun für den Musikunterricht insgesamt? Weil das Hören darin einen zentralen Platz einnimmt und Hören ohne Handeln didaktisch nicht sinnvoll umgesetzt werden kann, ergeben sich weitgehende Konsequenzen, die hier thesenartig zusammengefasst werden:

1. Für alles, was beim Musiklernen in Erscheinung tritt, bedarf es der Bildung mentaler Repräsentationen von dem, was gelernt werden soll.
   - 1.1 Handelt es sich dabei um *genuin musikalische* Phänomene, muss Gelegenheit geboten werden, *musikalische* Repräsentation zu bilden.
   - 1.2 Handelt es sich dagegen um die Erweiterung von allgemeinen musikalischen Erfahrungen, um ästhetische Grundlagen der Wahrnehmung von Kunst und Alltagsformen von Musik oder um die Verwirklichung der eigenen Ausdrucksmöglichkeiten, muss Gelegenheit geboten werden, darin eigene *Handlungskompetenzen* zu erwerben und *Handlungsmöglichkeiten* zu erproben, die komplexere mentale Repräsentationen erfordern.
2. Um Repräsentationen entwickeln zu können, bedarf es der inneren wie äußeren Bewegung, die sich in konkreten Handlungen zeigt: in gestischer Verknüpfung mit einzelnen musikalischen Erscheinungsformen, bei Bewegungen, die Musik hervorrufen (Instrumentalspiel) oder begleiten (Musikverläufe bewegungsmäßig darstellen oder im Tanz umsetzen).

Denn in der Handlung ist – evolutionsbiologisch gesehen – (musikalisches) Denken präfiguriert.

3. Dabei zielt Handeln aber nicht auf die Darstellung der *inhaltlichen* Aspekte eines Liedes, Musikstücks, einer außermusikalischen Vorstellung oder eines musiktheoretischen Sachverhalts, sondern sollte sich primär auf die *musikalischen Prinzipien* richten, die in der Musik (jeder Musik) wirksam sind.
   3.1 Dazu gehören
   - fließende, schwingende vs akzentuierte Bewegung;
   - Spannung vs Lösung;
   - Impuls und seine Weiterführungsmöglichkeiten (Ausschwingprozesse);
   - unterschiedliche Tempoebenen durch die Bewegungsgeschwindigkeit und die Wahl der bewegten Körperteile;
   - unterschiedliche metrische Ebenen (3 + 2; 2 + 2 + 3 etc.) durch gleiche und ungleich gepaarte Bewegungsmuster;
   - unterschiedliche dynamische Ebenen durch die Bewegungsgröße;
   - unterschiedliche Ebenen der Tonhöhe und Stimmlage durch die Bewegungshöhe.

   3.2 Zur Differenzierung der körperlichen Bewegungsformen werden
   - Bewegungsebenen (horizontal – vertikal – diagonal) und
   - Bewegungsrichtung (vor – zurück – seitwärts) sowie
   - Bewegungshöhe (Ausgangsposition am Boden vs aus dem Stand oder aus der Bewegung von unten, aus der Körpermitte oder von oben) unterschieden;
   - die unterschiedliche Funktion der Gliedmaßen (Arme, Beine, Oberkörper, Kopf vs Hände, Füße, Finger) zur Darstellung unterschiedlicher metrischer Gliederungen (Makro-Beat vs. Mikro-Beat) berücksichtigt (vgl. dazu im Detail Gruhn, 2007; Laban, 1988).

4. Dazu bedarf es des Aufbaus eines musikbezogenen Bewegungsrepertoires, welches das breite Spektrum an Bewegungskategorien (siehe unter 3) konkret musikalischen Prinzipien zuordnet. Dabei geht es nicht um die Einübung bestimmter Bewegungsschablonen, sondern um die

fantasievolle Ausschöpfung der vielfältigen Möglichkeiten, um musikalische Erscheinungsformen in Rhythmik, Metrik, Dynamik, Form, Farbe und Ausdruck bewegungsgestisch umzusetzen und auf diese Weise körperlich erfahrbar zu machen.

5. Alle Tätigkeiten sind im Sinne kommunikativer Vermittlung mit intendiertem Ausdruck auszuführen; es gibt kein musikalisches Element (Motiv, Rhythmus) ohne kommunikative Ausdrucksfunktion.
6. Handeln und Bewegen werden dann nicht als Akzidentien (d.h. nicht als begleitendes Beiwerk) des musikalischen Tuns eingesetzt, sondern unterstützen den Lernvorgang als integraler Bestandteil desselben. Lernen vollzieht sich durch die Internalisierung von Bewegung (Llinás, 2001).
7. *Hören als Handeln* berechtigt daher zu der grundsätzlichen Folgerung, Handeln als eine Form des Denkens anzuerkennen und so auch *Lernen als Handeln* zu begreifen.

… im Hinblick auf die Macht der Musik und ihre kognitive Verfügbarkeit

Hören umfasst ein weitaus größeres Feld als musikalische Wahrnehmung. Diese wird häufig in den Horizont emotionalen Erlebens gestellt, das jedem unmittelbar in unterschiedlicher Intensität zugänglich ist (Juslin, 2019). Sie stellt aber auch einen kognitiven Akt des Erkennens dar, der hier im Zentrum unserer Überlegungen stand.

Allgemein betrachtet, erstreckt sich Hören auf alle akustischen Erscheinungen. Die Physiologie des Hörens folgt den physikalischen Bedingungen der Klänge und Schallereignisse, und deren Wirkung auf den Menschen tritt psychisch und physisch wirkmächtig in Erscheinung. Dazu bedarf die Macht, die der Mythos der Musik zuschreibt, noch gar nicht eines sie wahrnehmenden Subjekts. Nach dem Bericht Josuas im Alten Testament soll der schmetternde Klang der Trompeten (Schofare) die Mauern der kanaanitischen Stadt Jericho während der Belagerung durch die Israeliten zum Einsturz gebracht haben. Auch wenn sich dies archäologisch nicht nachweisen lässt (Finkelstein & Silbermann, 2002), wird dem Klang der Posaunen hier eine zerstörerische Gewalt zugeschrieben, die sich in der magischen Kraft des Gesangs der Sirenen in der

Odyssee fortsetzt und bis zu Günter Grass reicht, dessen Held Oskar Matzerath in der *Blechtrommel* (1959) mit seiner Stimme Glas zum Bersten bringen kann. Auf der anderen Seite verleiht der Mythos ihr aber auch die Kraft der Heilung, wenn im Alten Testament berichtet wird, dass David mit seinem Harfenspiel den König Saul von seiner Schwermut befreien konnte (1. Buch Samuel 16,14–23). Die Musiktherapie gründet insgesamt auf der Annahme eines Einflusses von Klang und Rhythmus auf den Organismus und die Psyche des Menschen.

Als kunstbeflissener Zuhörer tritt das ästhetische Subjekt aber erst viel später in die Geschichte ein. Es lauscht der Musik der Spielleute und Sänger, der Künstler und Virtuosen, die um die tiefe emotionale Wirkung ihrer Kunst wissen. Erst mit der Wandlung funktional gebundener Musik zu autonomer Kunst steigt das hörende Verstehen von Musik in den Rang kognitiver Prozesse auf, die Sprache und Musik gleichermaßen betreffen. Musik „als Sprache" zielt dann auf Hören und Verstehen durch den Vollzug musikalischer Praxis.

Ernst Cassirer (1874–1945) hat seine Kulturphilosophie der symbolischen Formen (1923–1929) auf Sprache, Mythos und Erkenntnis gegründet (Cassirer, 2010) und im dritten Band mit der *Phänomenologie der Erkenntnis* abgeschlossen. Darin wird den zeichenhaften Bedeutungen in Kunst und Mythos ein eigener Erkenntnischarakter zugesprochen. Hören im Sinne von Wahrnehmen und Verstehen (Gruhn, 1989) erhält damit die Möglichkeit, in musikalischen Zeugnissen und Ereignissen einen dem Verstehen zugänglichen Ausdrucksbereich vorzufinden, der sich allein schon über das Hören erschließt.

Durch Hören, Handeln und Bewegen erfahren wir unsere akustische Umwelt, die auch Musik und ihre Werke einschließt. Wenn dabei Bewegen und Handeln als Modi der Wahrnehmung verstanden werden können und daher schon das „einfache" Hören als Handeln erscheint, erschließt sich damit eine neue pädagogisch relevante Sicht auf die Musikerfahrung. Auf dieser Grundlage und in Erweiterung der Perspektive auf evolutionsbiologische und neuroanatomische Erkenntnisse wurde hier versucht, eine allgemeine neurophysiologisch hinterlegte Theorie des Hörens in die Dimension der Pädagogik zu stellen. Dabei stehen Hören und Handeln wie Handeln und Denken in einer engen Wechselbeziehung, die es für die Erfahrung von Musik wie für das Musiklernen nutzbar zu machen gilt.

Literatur

Aebli, H. (1980). *Denken: das Ordnen des Tuns (2 Bde.)*. Stuttgart: Klett-Cotta.

Althans, B. (2008). Bodies that matter, in: Mitgutsch, K., Sattler, E., Westphal, K. & Breinbauer, I.M. (Hg.). *Dem Lernen auf der Spur* (S. 298–308). Stuttgart: Klett-Cotta.

Aquin, T. v. (1970). *Quaestiones disputatae de veritate (II, 3, 19)*.

Ardila-Mantilla, N., Busch, T., & Göllner, M. (2018). Musiklernen als soziale Praxis. In Gruhn, W., & Röbke, P. (Eds.), *Musiklernen* (pp. 178–203). Esslingen, Innsbruck: Helbling.

Aydintan, M., Krämer, L. & Spatz T. (Hg.) (2021). *Solmisation, Improvisation, Generalbass. Historische Lehrmethoden für das heutige Musiklernen*. Hildesheim: Olms.

Bachmann, M.-L. (1991). *Dalcroze today. An education through and into music (aus dem Französischen von David Parlett)*. Oxford, New York: Oxford University Press.

Bamberger, J. (1991). *The mind behind the musical ear*. Cambridge MA: Harvard Univ Press.

Bamberger, J. (1996). Turning music theory on its ear. Do we hear what we see; Do we see what we say? *International Journal of Computers for Mathematical Learning 1(1)*, 33–55.

Bamberger, J. (2013). *Discovering the musical mind. A view of creativity as learning*. Oxford, New York: Oxford University Press.

Bangert, M. & Altenmüller, A. (2003). Mapping perception to action in piano practice: a longitudinal DC-EEG-study. *BMC Neuroscience 4*, 26–36.

Berg, I. I. (2017). Von der ‚Verkörperung' zum ‚Embodiment'? Ein neues Paradigma aus der Philosophie des Geistes und seine Anwendung in der Musikpädagogik. *Diskussion Musikpädagogik, 73*, 12–19.

Berg, I. I. (2018). Gestisches Lernen. Gesten in der Musik: Bewegung – Kommunikation – Kognition. In W. Gruhn & P. Röbke (Eds.), *Musiklernen. Bedingungen – Handlungsfelder – Positionen* (pp. 155–176). Esslingen: Helbling.

Berthoz, A. & Christen, Y. (Hg.) (2009). *Neurobiology of "Umwelt". How living beings perceive the world.* Berlin, Heidelberg: Springer.

Blank, B. (2016). *Dirigieren – eine besondere Art der Kommunikation.*, Diss. med. Albert-Ludwigs-Universität, Freiburg.

Bourdieu, P. (1982). *Die feinen Unterschiede: Kritik der gesellschaftlichen Urteilskraft.* Frankfurt: Suhrkamp.

Brodsky, W. (2015). *Driving with music: cognitive-behavioural implications.* Farnham: Ashgate.

Brown, J., Sherrill, C., & Gench, B. (1981). Effects of an integrated physical education/music program in changing early childhood perceptual-motor performance. *Perceptual and Motor Skills, 53* (1), 151–154.

Buzsáki, G. (2006). *Rhythms of the brain.* Oxford/New York: Oxford University Press.

Cassirer, E. (2010). *Philosophie der symbolischen Formen (3 Bde.).* Hamburg: Meiner.

Chalmers, D. (1996). *The conscious mind. In search of a fundamental theory.* Oxford, New York: Oxford University Press.

Cooke, D. (1959). *The language of music.* London: Oxford University Press.

Dennett, D. (2009). Qualia eliminieren (1995). In T. Metzinger (Ed.), *Grundkurs Philosophie des Geistes. Bd. 1: Phänomenales Bewusstsein* (pp. 205–249). Paderborn: Mentis.

Deutsch, D. (1995). *Musical illusions and paradoxes* (CD). Philomel Records Inc.

Dollase, R. (2006). Wer sind die Musikkonsumenten? In Jacobshagen, A., & Reininghaus, F. (Eds.), *Musik und Kukturbetrieb (Handbuch der Musik im 20. Jahrhundert, Bd. 10).* Laaber: Laaber.

Eisenbart, C. (Ed.) (1985). *Georg Picht – Philosophie der Verantwortung.* Stuttgart: Klett-Cotta.

Elliott, D. J. (1995). *Music matters. A new philosophy of music education.* New York, Oxford: OUP.

Fingerhut, J., Hufendiek, R., & Wild, M. (Eds.). (2013). *Philosophie der Verkörperung. Grundlagentexte zu einer aktuellen Debatte.* Berlin: Suhrkamp.

Finkelstein, I., & Silbermann, N. A. (2002). *Keine Posaunen vor Jericho. Die archäologische Wahrheit über die Bibel.* München: Beck.

Fortuna, S., & Nijs, L. (2020). Children's representational strategies based on verbal versus bodily interactions with music: an intervention-based study. *Music Education Research, 22* (1), 107–127. doi:https://doi.org/10.1080/14613808.2019.1699521

Frisby, J. P. (1987). *Optische Täuschungen. Sehen, Wahrnehmen, Gedächtnis.* Augsburg: Weltbild Verlag.

Gadamer, H.-G. (1960). *Wahrheit und Methode,* Tübingen: J.C.B. Mohr.

Gallese, V.; Fadiga, L., Fogassi, L., & Rizzolatti, G. (1996). Action recognition in the premotor cortex. *Brain, 119* (2), 593–609.

Gibson, J. J. (1982). *Wahrnehmung und Umwelt.* München: Urban & Schwarzenberg.

Godoy, R. I., & Leman, M. (Eds.). (2010). *Musical gestures. Sound, movement, and meaning.* New York, London: Routledge.

Goldstein, E. B. (1997). *Wahrnehmungspsychologie. Eine Einführung.* Heidelberg: Spektrum Akademischer Verlag.

Gordon, E. E. (1979). *Primary Measures of Music Audiation (PMMA).* Chicago: GIA Publ. Inc.

Gordon, E. E. (2001). *Preparatory audiation, audiation, and music learning theory. A handbook of a comprehensive music learning sequence.* Chicago: G.I.A. Publ. Inc.

Gritten, A., & King, E. (Eds.). (2006). *Music and gesture.* Farnham: Ashgate.

Gruhn, W. (1989). *Wahrnehmen und Verstehen.* (2004, 2. ed.). Wilhelmshaven: Florian Noetzel.

Gruhn, W. (2002). Phases and stages in early music learning. A longitudinal study on the development of young children's musical potential. *Music Education Research, 4* (1), 51–71.

Gruhn, W. (2007). *Lernwelt Musik für Kinder von der Geburt bis zum Schuleintritt auf der Grundlage der Lerntheorie von Edwin E. Gordon.* Freiburg: Gordon-Institut für frühkindliches Musiklernen.

Gruhn, W. (2014a). *Der Musikverstand. Neurobiologische Grundlagen des musikalischen Denkens, Hörens und Lernens.* 4. Aufl. Hildesheim: Olms.

Gruhn, W. (2014b). *Musikalische Gestik. Vom musikalischen Ausdruck zur Bewegungsforschung*. Hildesheim: Olms.

Gruhn, W. (2015). Hören in neuronalen Netzen, oder: Über die Unmöglichkeit, Mahlers Musik zu hören, obwohl wir sie phänomenal erleben. In Berger, C., & Schnitzler, G. (Eds.), *Bahnbrüche: Gustav Mahler* (S. 335–348). Freiburg: Rombach.

Gruhn, W. (2018). Audiation. Grundlage und Bedingung musikalischen Lernens. In Gruhn, W., & Röbke, P. (Eds.), *Musiklernen. Bedingungen – Handlungsfelder – Positionen* (pp. 94–109). Esslingen: Helbling.

Gruhn, W. (2019). No mind without body. Reflections on embodied learning of young children. *Proceedings of the 9th EuNet MERYC Conference (i.prep.)*. Ghent.

Gruhn, W., Haußmann, M., Herb, U., Minkner, C., Röttger, K., & Gollhofer, A. (2012). The development of motor coordination and musical abilities in pre-school children. *Arts BioMechanics, 1* (2), 89–103.

Gruhn, W., Hofmann, E., & Schneider, P. (2012). Grundtonhörer? Obertonhörer? Hörtypen und ihre Instrumente. Üben & Musizieren(1), 12–17.

Gruhn, W. & Röbke, P. (Hg.) (2018). *Musiklernen. Bedingungen – Handlungsfelder – Positionen*. Innsbruck, Esslingen: Helbling.

Haas, E. (2002). Hörend denken, denkend hören. Zur Methodik des Musiklehreunterrichts. Üben und Musizieren(4), 29–33.

Handschick, M. (2015). *Musik als ‚Medium der sich selbst erfahrenden Wahrnehmung'*. (Schriften der Hochschule für Musik Freiburg, Bd. 3). Hildesheim: Olms.

Hargreaves, D. J., & Lamont, A. (2017). *The psychology of musical development*. Cambridge, UK: Cambridge University Press.

Haußmann, M. (2012). *Der Zusammenhang zwischen motorischer Kontrolle und den musikalischen Fähigkeiten bei Kindern im Alter von 5 bis 7 Jahren*. (Wissenschaftliche Hausarbeit für das Lehramt an Gymnasien, Baden-Württemberg), Universität Freiburg, Freiburg.

Hegel, G. W. F. (1801). *Differenz des Fichte'schen und des Schelling'schen Systems der Philosophie* (Differenzschrift). Jenaer Kritische Schriften, hg. von H. Buchner & O. Pöggeler, Gesammelte Werke (vol. 4, S. 1–92). Hamburg: Felix Meiner Verlag 1968.

Hegel, G. W. F. (1830, ND 2015). *Enzyklopädie der philosophischen Wissenschaften im Grundrisse. Einleitung*. Hamburg: Felix Meiner Verlag.

Held, R., & Hein, A. (1963). Movement-produced stimulation in the development of visually guided behavior. *Journal of Comparative and Physiological Psychology, 56* (5), 872–876.

Helmholtz, H.v. (1863, Repr. 2003). *Die Lehre von den Tonempfindungen als physiologische Grundlage für die Theorie der Musik* (Ges.Schriften, Bd II), Hildesheim: Olms.

Hinrichsen, K. V. (Ed.) (1993). *Humanembryologie. Lehrbuch und Atlas der vorgeburtlichen Entwicklung des Menschen*. Berlin, Heidelberg: Springer.

Hohagen, J., & Wöllner, C. (2019). Bewegungssonifikation: Psychologische Grundlagen und Auswirkungen der Verklanglichung menschlicher Handlungen in der Rehabilitation, im Sport und bei Musikaufführungen. In W. Auhagen, C. Bullerjahn, & C. Louven (Eds.), *Musikpsychologie – Musik und Bewegung* (pp. 107–145). Münster, New York: Waxmann.

Holzmüller, A. (2020). Was ist musikalischer Immersion? Theoretische und methodische Annäherungen am Beispiel von Carl Philipp Emanuel Bachs »Heilig«, in: W. Fuhrmann, A. Holzmüller (Hg.), *Zwischen Absorption und Überwältigung. Musikalische Immersion in der Diskussion* (Musiktheorie 35,1, S. 4–18), Lilienthal: Laaber.

Hurley, S. (2013). Wahrnehmen und Handeln. In Fingerhut, J., Hufendiek, R., & Wild, M. (Eds.), *Philosophie der Verkörperung. Grundlagentexte zu einer aktuellen Debatte* (pp. 379–412). Berlin: Suhrkamp.

Jacoby, H. (1922). Grundlagen einer schöpferischen Musikerziehung (Die Tat, März 1922). In S. Ludwig (Ed.), *Jenseits von „Musikalisch" und „Unmusikalisch". Die Befreiung der schöpferischen Kräfte dargestellt am Beispiel der Musik* (pp. 10–27). Hamburg: Christians Verlag 1984.

Jaques-Dalcroze, E. (1907). *Der Rhythmus als Erziehungsmittel für das Leben und die Kunst. 6 Vorträge zur Begründung seiner Methode der rhythmischen Gymnastik*. (Boepple, P., Trans.). Basel.

Juslin, P. N. (2019). *Musical emotions explained. Unlocking the secrets of musical affect*. Oxford: Oxford University Press.

Koch, C. (2019). *The feeling of life itself. Why consciousness is widespread but can't be computed*. Cambridge, MA.: MIT Press.

Koch, S. C. (2013). *Embodiment. Der Einfluss von Eigenbewegung auf Affekt, Einstellung und Kognition*. Berlin: Logos.

Kölsch, S. (2012). *Brain and Music*, Chichester: Wiley-Blackwell.

Laban, R. v. (1988). *Die Kunst der Bewegung*. Wilhelmshaven: Noetzel.

Lachenmann, H. (2004). *Musik als existentielle Erfahrung. Schriften 1966–1995*. Wiesbaden: Breitkopf & Härtel.

Liao, M.-Y., & Davidson, J.W. (2007). The use of gesture techniques in children's singing. *International Journal for Music Education, 25* (1), 82–96.

Liao, M.-Y., & Davidson, J.W. (2016). The effects of gesture and movement training on the intonation of children's singing in vocal warm-up sessions. *International Journal for Music Education, 34* (1), 4–18.

Libet, B., Gleason, C. A., Wright, E. W., & Pearl, D. K. (1983). Time of conscious intention to act in relation to onset of cerebral activity (Readiness-Potential): the unconscious initiation of a freely voluntary act. *Brain, 106* (3), 623–642.

Lin, Z., Werner, A., Lindenberger, U., Brandmaier, A.M., & Wenger, E. (2021). Assessing music expertise: The Berlin Gehgoerbildung Scale. *Music Perception, 38* (4), 406–421.

Llinás, R. R. (2001). *I of the vortex: from neurons to self.* Cambridge, MA: MIT Press.

Locke, J. (1823, Reprint 1963). *An essay concerning human understanding (II, 1, 2.3)*. London.

Losert, M. (2015). *Die didaktische Konzeption der Tonika-Do-Methode. Geschichte – Erklärungen – Methoden (Forum Musikpädagogik, Bd. 95)*. Augsburg: Wißner.

Lüthke, A., & Ong, A. (2019). 17. Arbeitstreffen der Fachgemeinschaft Hörerziehung/Gehörbildung der Gesellschaft für Musiktheorie (GMTH). https://www.gmth.de/berichte/weimar_2019.aspx.

Macdonald, J., & McGurk, H. (1978). Visual influences on speech perception processes. *Perception and Psychophysics, 24*, 253–257.

Macedonia, M., Müller, K., & Friederici, A. (2011). The impact of iconic gestures on foreign language word learning and its neural substrate. *Human Brain Mapping, 32* (6), 982–998.

Macedonia, M., & von Kriegsheim, K. (2012). Gestures enhance foreign language learning. *Biolinguistics, 6* (3–4), 393–416.

Maes, P. J., Leman, M., Palmer, C. & Wanderley, M.M. (2014). Action-based effects on music perception. Frontiers of Psychology, 3. Jan. https://doi.org/10.3389/fpsyg.2013.01008.

Malloch, S. (1999). Mothers and infants and communicative musicality. *Musicae Scientiae, Special Issue* (1999–2000), 29–57.

Malloch, S., & Trevarthen, C. (Eds.). (2009). *Communicative musicality. Exploring the basis of human companionship*. Oxford: Oxford University Press.

Malloch, S., & Trevarthen, C. (2018). The human nature of music. *Frontiers in Psychology, 9 (doi: 10.3389/fpsyg.2018.01680).*

Maturana, U., & Varela, F. (1987). *Der Baum der Erkenntnis. Die biologischen Wurzeln des menschlichen Erkennens*. Bern, München, Wien: Scherz.

Mauser, S., & Schmierer, E. (Eds.). (2009). *Gesellschaftsmusik, Bläsermusik, Bewegungsmusik. (Handbuch der musikalischen Gattungen, Bd. 17,1)*. Laaber: Laaber.

Merleau-Ponty, M. (1945/1966). *Phänomenologie der Wahrnehmung. Übers. und mit einem Nachw. versehen von R. Boehm*. Berlin: de Gruyter.

Metzinger, T. (Ed.) (1996). *Bewußtsein. Beiträge aus der Gegenwartsphilosophie.* (3. ed.). Paderborn: Schöningh.

Miller, G. A., Galanter, E., & Pribram, K. H. (1973). *Strategien des Handelns (orig. Plans and the structure of behavior, 1960)*. Stuttgart: Klett.

Moxter, M. (2011). Art. „Hören“ in: R. Konersmann (Hg.). *Wörterbuch der philosophischen Metaphern* (S. 149–171), 3. Aufl., Darmstadt: Wissenschaftliche Buchgesellschaft.

Münte, T., Kohlmetz, C., Nager, W., & Altenmüller, E. (2001). Neuroperception. Superior auditory spatial tuning in conductors. *Nature, 409* (6820), 580.

Murray Schafer, R. (1972). *schule des hörens (rote reihe, H. 36)*. Wien: Universal Edition.

Nagel, Th. (2009). Wie es ist, eine Fledermaus zu sein (1979). In T. Metzinger (Ed.), *Grundkurs Philosophie des Geistes. Bd. 1: Phänomenales Bewusstsein* (pp. 57–80). Paderborn: Mentis.

Navarro, J., Osiurak, F., Gaujoux, V., Ouimet, M. C., & Reynaud, E. (2019). Driving under the influence: how music listening affects driving behaviors. *Journal of Visualized Experiments*((Mar 27, 145).

Nowak, R. (2016). Music listening activities in the digital age. An act of cultural participation through adequate music. *Leonardo Music Journal, 26,* 20–23.

Oberhaus, L. (2006). *Musik als Vollzug von Leiblichkeit* (Detmolder Hochschulschriften, 5). Essen: Die Blaue Eule.

Oberhaus, L., & Stange, C. (Eds.). (2017). *Musik und Körper. Interdisziplinäre Dialoge zum körperlichen Erleben und Verstehen von Musik.* Bielefeld: [transcript].

Parncutt, R. (2006). Prenatal development. In G. McPherson (Ed.), *The child as musician* (pp. 1–31). Oxford: Oxford University Press.

Parncutt, R. (2009). Prenatal development and the phylogeny and ontogeny of music. In S. Hallam, I. Cross, & M. Thaut (Eds.), *The Oxford Handbook of Music Psychology* (pp. 219–228). Oxford: Oxford University Press.

Parncutt, R. (2018). Mother-infant attachment, musical idol worship, and the origins of human behaviour. *Musicae Scientiae, 22* (4), 474–493.

Penhune, V. B., Watanabe, D., & Savion-Lemieux, T. (2005). The effect of early musical training on adult motor perfomance: evidence for a sensitive period in motor learning. *Annals of the New York Academy of Sciences, 1060,* 265–268.

Phillips-Silver, J., & Trainor, L. J. (2005). Feeling the beat: movement influences infant rhythm perception. *Science, 308* (5727), 1430.

Phillips-Silver, J., & Trainor, L. J. (2007). Hearing what the body feels: auditory encoding of rhythmic movement. *Cognition, 105* (3), 533–546.

Piaget, J., & Inhelder, B. (1972). *Die Psychologie des Kindes.* Olten, Freiburg: Walter-Verlag.

Pichel, M., Zangerle, G. & Specht, G. (2017). Mining culture-specific music listening behavior from Social Media data. *IEEE International Symposium on Multimedia,* 208–215. doi: 10.1109/ISM.2017.35.

Rizzolatti, G. (1996). Premotor cortex and the recognition of motor actions. *Cognitive Brain Research* (3), 131–141.

Rowlands, M. (2010). *The new science of the mind. From extended mind to embodied phenomenology.* Cambridge, MA: MIT Press.

Russell, J. A. (1980). A circumplex model of affect. *Journal of Personality and Social Psychology,* 39 (1 suppl. 6), 1161–1178.

Ruth, N. (2019). Musik auf Online- und Mobilmedien, in: H. Schramm (Hg.). *Handbuch Musik und Medien* (S. 225–251). Wiesbaden: Springer Fachmedien.

Schneider, P., & Bleeck, S. (2005). Test zur Grundton- und Obertonerkennung (Pitch Perception Preference Test). http://www.musicandbrain.de/root/kurztest.html.

Schneider, P., & Wengenroth, M. (2009). The neural basis of individual holistic and spectral sound perception. *Contemporary Music Review, 28* (3), 315–328.

Schneider, P., & Seither-Preisler, A. (2015). AMseL – Neurokognitive Korrelate von JeKi-bezogenem und außerschulischem Musizieren. In U. Kranefeld (Ed.), *Instrumentalunterricht in der Grundschule. Prozess- und Wirkungsanalysen zum Programm Jedem Kind ein Instrument* (Vol. Bildungsforschung, Bd. 41, pp. 19–48). Berlin: Bundesministerium für Bildung un Forschung.

Schneider, P., Engelmann, D., & Seither-Preisler, A. (2016). Audio- und Neuroplastizität des musikalischen Lernens bei musizierenden unauffälligern und entwicklungs- bzw. lernauffälligen Kindern. In U. Kranefeld (Ed.), *Musikalische Bildungsverläufe nach der Grundschulzeit* (pp. 71–82). Dortmund: Koordinierungsstelle des BMBF Forschungsschwerpunkts Musikalische Bildungsverläufe.

Schneider, P., Benner, J., Zeidler, B., Christiner, M., Seither-Preisler, A., & Engelmann, D. (2018). Audio- und Neuroplastizität der Klangwahrnehmung. *Akustik Journal*(2), 16–30.

Schön, D. A. (1983). *The reflective practitioner: How professionals think in action*. New York: Basic Books.

Schönberg, A. (1911/1949). *Harmonielehre*. Wien: Universal Edition.

Schramm, H. (Hg.) (2019). *Handbuch Musik und Medien. Interdisziplіärer Überblick über die Mediengeschichte der Musik*. 2. Auflage, Wiesbaden: Springer Fachmedien.

Schyff, D. van der, Schiavio, A., Walton, A., Velardo, V., & Chemero, A. (2018). Musical creativity and the embodied mind: Exploring the possibilities of 4E cognition and dynamic systems theory. *Music & Science, 1*, 1–18.

Seither-Preisler, A., Parncutt, R. & Schneider, P. (2014). Size and synchronization of auditory cortex promotes musical, literacy, and attentional skills in children. *The Journal of Neuroscience* 33 (34), 10937–10949.

Serrallach, B., Groß, T., Bernhofs, V., Engelmann, D., Brenner, J., Gündert, N., Blatow, M., Wengenroth, M., Seitz, A., Brunner, M., Parncutt, R., Schneider, P., Seither-Preisler, A.. (2016). Neural biomarkers for dyslexia, ADHD and ADD in the auditory cortex of children. *Frontiers in Neuroscience, 10*, Art. 324 (doi: 10.3389/fnins.2016.00324).

Shapiro, L. (2011). *Embodied cognition*. London: Routledge.

Shepard, R. (1964). Circularity in judgments of relative pitch. *The Journal of the Acoustical Society of America 36* (12), 2346–2353.

Singer, W. (2002). *Der Beobachter im Gehirn. Essays zur Hirnforschung*. Frankfurt: Suhrkamp.

Sloboda, J. A. (2010). Music in everyday life: the role of emotions. In P. N. Juslin & J. A. Sloboda (Eds.). *Handbook of music and emotion. Theory, research, applications* (pp. 493–514). Oxford: Oxford University Press.

Spohr, L. (1968). *Lebenserinnerungen, hg. von F. Göthel.* Tutzing.

Stange, C. (2018). Verkörperung – Schwierigkeiten mit einem schillernden Begriff. In F. Heß, L. Oberhaus, & C. Rolle (Eds.), *Zwischen Praxis und Performanz. Zur Theorie musikalischen Handelns in musikpädagogisacher Perspektive. (Sitzungsbericht der Wissenschaftlichen Sozietät Musikpädagogik 2017)* (pp. 37–62). Münster: LIT Verlag.

Strobbe, L., & Regenmortel, H. v. (2012). Music theory and musical practice: dichotomy or entwining? *Dutch Journal of Music Theory, 17* (1), 17–28.

Trevarthen, C. (2008). The musical art of infant conversation: Narrating in the time of sympathetic experience, without rational interpretation, before words. *Musicae Scientiae, Special issue*, 15–46.

Tsay, C.-J. (2013). Sight over sound in the judgment of music performances. *Proceedings of the New York Academy of Sciences, 110* (36), 14580–14585.

Ucar, H., Watanabe, S., Noguchi, J., Morimoto, Y., Iino, Y., Yagishita, S., Takahashi, N. & Kasai, H. (2021). Mechanical actions of dendritic-spine enlargement on presynaptic exocytosis. *Nature 176*, 24. Nov.

Ulsamer, J., & Stahmer, K. (1973). *Musikalisches Tafelkonfekt.* Würzburg: Stürtz.

Unger-Rudroff, A. (2020). *Bewegung und Musikverstehen. Leibphänomenologische Perspektiven auf die musikalische Begriffsbildung bei Kindern.* Bielefeld: transcript Verlag.

Varela, F., Thompson, E., & Rosch, E. (1991). *The embodied mind: cognitive science and human experience.* Cambridge MA: MIT Press.

Vezoli, J., Vinck, M., Bosman, C.A., Bastos, A.M., Lewis, C.M., Kennedy, H. & Fries, P. (2021). Brain rhythms define distinct interaction networks with differential dependence on anatomy. *Neuron.* https://doi.org/10.1016/j.neuron.2021.09.052

Vickers, P., Hogg, B., & Worrall, D. (2018). Aesthetics of sonification. In C. Wöllner (Ed.), *Body, sound and space in music and beyond: multimodal explorations* (pp. 89–109). Abingdon, New York: Routledge.

Wenger, E. (1998). *Communities of practice. Learning, meaning, and identity.* Cambridge: Cambridge University Press.

Wilson, M. (2002). Six views of embodied cognition. *Psychonomic Bulletin and Review, 9* (4), 625–636.

Wittgenstein, L. (2011). *Philosophische Untersuchungen (hg. von Eike von Savigny).* Berlin: Akademie-Verlag.

Wöllner, C. (Ed.) (2018). *Body, sound and space in music and beyond: multimodal explorations.* London, New York: Routledge.

Wolpert, D. M. (2011). The real reason for brains. *TED Talk*: TEDglobal (www.ted.com/talks/daniel_wolpert_the_real_reason_for_brains/transcript).

Wriessnegger, S.C., Hacker, C., Macedonia, M., & Müller-Putz, G.R. (2019). The impact of gestures on formal language learning and its neural correlates: a study proposal. *Information systems and neuroscience.* Heidelberg: Springer.

Yarbus, A. L. (1967). *Eye movements and vision.* New York: Plenum Press.

Zender, H. (2016). *Denken hören – Hören denken Musik als eine Grunderfahrung des Lebens.* Freiburg, München: Karl Alber.

Zentner, M. R., & Eerola, T. (2010). Rhythmic engagement with music in infancy. *Proceedings of the National Academy of Sciences in the USA, 107* (13), 5768–5773.

Zimmer, R., & Volkamer, M. (1984). *Motoriktest für vier- bis sechsjährige Kinder, MOT 4–6.* Weinheim: Beltz.

Abbildungsverzeichnis

Personenregister

Sachregister

P

Q

R

S

T

U

V